Bajando de la Montaña

Como hacer que tu retiro sea una vivencia de todos los días

Thomas Hart

PAULIST PRESS
New York/Mahwah, NJ

Cubierta y diseño del libro por Lynn Else

Traducción al español de Godly Translations, Albuquerque, New Mexico.

Library of Congress Cataloging-in-Publication Data

Hart, Thomas N.
    [Coming down the mountain. Spanish]
    Bajando de la montaña : como hacer que tu retiro sea una vivencia de todos los días / Thomas Hart.
    p. cm.
    ISBN 978-0-8091-4456-3 (alk. paper)
    1. Christian life. 2. Spiritual retreats. I. Title.
    BV4506.H3718 2007
    248.4—dc22

                         2007000058

Publicado por Paulist Press
997 Macarthur Boulevard,
Mahwah, New Jersey 07430
Estados Unidos de América

www.paulistpress.com

Impreso y encuadernado en
Los Estados Unidos de América

Contenido

Introducción

Has terminado tu retiro. Te sientes cerca de Dios y estás ansioso por llevar tu nueva energía y frescas perspectivas cristianas al mundo y vivir esa vida que tan profundamente deseas vivir.

Este libro ha sido escrito para ayudarte a lograrlo. Es un seguimiento de tu retiro, diseñado para conservar esa experiencia viva e influyente en tu vida. Te ofrece día a día, por seis semanas, una reflexión en aspectos de la vida cristiana, un pasaje de las escrituras para tu oración y una tarea que realizar. Todas las relaciones importantes de tu vida son cubiertas aquí: Dios, tú mismo, otras personas y el mundo.

Por experiencia, la necesidad de algún tipo de seguimiento después de un retiro es evidente. Para muchas personas, un retiro es una elevación espiritual que pronto desaparece cuando se regresa al mundo del trabajo y las relaciones del diario vivir. En una semana o dos, el retiro parecerá muy lejano y ligeramente irreal. No se podrá recordar bien lo que sucedió durante su transcurso. Tú no quieres que eso te suceda. La relación que tienes con Dios es demasiado importante. También sabes que la vida cristiana no es algo para ser vivido sólo unos días al año en un ambiente especialmente tranquilo. Jesús enseña una forma de vida total, para ser vivida diariamente en el mundo.

Este libro presenta los conflictos comunes que hombres y mujeres enfrentan cuando tratan de poner en práctica una visión cristiana. Surge de muchos años de trabajo que he realizado en colaboración con otras personas en el área de consejería pastoral y dirección espiritual. Aquí encontrarás no sólo sugerencias para profundizar tu relación con Dios en la oración, sino también ideas para enfrentar algunas áreas problemáticas de la vida que frecuentemente no son tratadas en libros de espiritualidad. Discutiremos la soledad, la baja autoestima, las relaciones difíciles, la sexualidad, los sentimientos de tristeza y los recuerdos dolorosos. Consideraremos cuidadosamente las difíciles preguntas del por qué algunas veces Dios parece tan lejano, y el por qué nos suceden algunas cosas desagradables en este mundo. Reflexionaremos acerca de cómo tener una imagen de Dios y cómo descubrir su voluntad. Hablaremos también sobre el juego, la paz y la alegría.

Hay varias formas de usar este libro: puedes leer un capítulo cada día utilizando los pasajes de la escritura para tu oración y llevando a cabo la tarea asignada para ayudarte a poner en práctica el tema tratado. Podría ser la primera cosa que hicieras en la mañana o mientras vas en el camión al trabajo, o podrías hacerlo como conclusión de tu día y preludio para el próximo. Otra forma de usar este libro es estudiándolo en grupo, discutiendo la reflexión y el pasaje de las escrituras y luego pensando cómo podrían enfrentar las tareas, posiblemente haciendo algunos trabajos juntos. Ya sea que lo hagas solo o en grupo, tal vez no tengas tiempo para leer un capítulo diario. Puedes bajar el ritmo de acuerdo a tus circunstancias. Es importante seguir la secuencia de los capítulos pues se desarrollan gradualmente, pero no es necesario leer algún capítulo en un día particularmente asignado.

Este libro no tiene que ser necesariamente asociado a un retiro. Un retiro es a menudo una experiencia significativa de conversión y por eso proporciona un buen punto de inicio para llevar a cabo actos más afianzados en tu vida de fe, pero una persona puede tomar este libro en cualquier momento y encontrarlo de ayuda como lectura espiritual. Sirve a cualquier individuo o grupo de personas en casi cualquier circunstancia en donde se desee profundizar la relación con Dios y vivir una espiritualidad cristiana práctica en la vida diaria.

En las siguientes páginas, explorarás más plenamente lo que significa vivir una vida cristiana y encontrarás ayuda práctica para lograrlo.

SEMANA 1: LUNES

Ahora que tu retiro ha terminado

Acabas de participar en un retiro. Generalmente un retiro es una experiencia de afirmación y de renovación. Durante ese tiempo disfrutas en un sentido más fuerte de la presencia y del amor de Dios, sientes una cercanía consoladora y plena y ves el propósito y dirección de tu vida más claramente. Naturalmente deseas conservar esas cosas. Como resultado de lo que te ha sucedido, deseas cambiar tu vida. Sales del retiro en un nivel elevado, determinado a vivir de una manera muy diferente.

Reintegrarse a la vida ordinaria es a menudo una sacudida dolorosa. Regresas a todas tus responsabilidades, a los retos del diario vivir y a las dificultades de algunas relaciones. No solamente es más difícil de lo que parecía poner las resoluciones en práctica, sino que tu nueva y clara visión súbitamente parece ser reemplazada por la vieja confusión y Dios parece estar muy lejano.

Para minimizar el trauma de esta transición y ayudarte a conservar las cosas valiosas que obtuviste en el retiro, un par de meditaciones pueden ayudar:

1) *No puedes mantenerte a ti mismo en el nivel presente de tus sentimientos.* Aceptar este hecho frustrante es la clave de la paz. Debes aceptarlo. Un retiro es un tiempo privilegiado en el cual Dios te visita en una forma especial. Las luces se encienden por un momento y te das cuenta cómo es realmente el terreno. Entonces regresas a tu ordinario vivir, que es el caminar por la fe y no por lo que ves. (2 Cor 5:7) Hay un paralelismo

3

con la experiencia de la transfiguración que Jesús y sus discípulos tuvieron en la montaña. Fue tan grande la luz y la calidez que los discípulos desearon montar tiendas y permanecer ahí. Jesús los guió a bajar de la montaña, hacia una multitud de gente necesitada. (Mc 9)

2) *Puede ser que pase algún tiempo antes de que veas los efectos del retiro.* No esperes milagros repentinos. Tú cambias lentamente, aun cuando te gustaría hacerlo rápidamente. Generalmente no estás consciente de que se están llevando a cabo cambios en ti hasta que ha pasado algún tiempo, cuando te das cuenta de que algún viejo patrón de conducta ya no está operando en tu vida. Tu retiro cambiará, con el paso del tiempo, algo acerca de tu manera de pensar, sentir o actuar. Sin embargo, para que eso suceda, algunos viejos hábitos tendrán que ser vencidos, y los viejos hábitos se vencen lentamente. Habrá fracasos mientras el proceso se lleva a cabo.

3) *Necesitas apoyo.* ¿Habría manera de que algunos de ustedes se reunieran para conservar el retiro vivo y creciendo? O, ¿hay cuando menos alguna persona, amigo o director espiritual con quien puedas compartir el retiro y tus intentos de vivirlo al pasar el tiempo? Además de ese apoyo, necesitarás hacer algunas cosas por ti mismo para sostener y alimentar la perspectiva del retiro, por ejemplo: pasar frecuentemente algún tiempo tranquilo con Dios o leer las escrituras u otras lecturas espirituales. Generalmente nuestra cultura no apoya nuestros esfuerzos para ser verdaderos cristianos. Necesitamos el apoyo de amigos con mentes afines y de prácticas habituales para conservar frescas las perspectivas de la fe.

La experiencia de un retiro es en cierta manera como la experiencia del enamoramiento. Ambas son maravillosas y llenas de buenos sentimientos. Sin embargo, los sentimientos intensos asociados con el enamoramiento no perduran. La pareja tiene que hacer la transición del amor romántico al amor de compromiso, de una elevación emocional a la realidad práctica de amar a alguien día tras día. Nuestra relación con Dios funciona en gran parte de la misma manera: también tiene que pasar por la transición del romance al compromiso, de los grandes esquemas de la imaginación a los hechos prácticos de amor en los actos ordinarios de cada día.

Buenas Nuevas: El los mantendrá firmes hasta el fin, para que estén sin tacha el día en que venga Cristo Jesús, Nuestro Señor. Dios es fiel, el que los ha llamado a esta comunión con su Hijo Jesucristo, nuestro Señor. (1 Cor 1:8-9)

Acción Cristiana: Escoge una meditación importante sobre Dios o sobre ti mismo que recuerdes del retiro y tráela a tu mente en algún momento tranquilo que tengas, por ejemplo: cuando te levantes, en tu camino al trabajo o antes de irte a dormir.

SEMANA 1: MARTES

Haciendo que tu retiro perdure

Hemos hablado sobre la transición del retiro. Ahora veamos algunas formas en las que puedes hacer que tu retiro perdure.

1) *Decide sólo un cambio que vayas a realizar en tu vida.* El amor se demuestra con hechos, no sólo con palabras. Cuando experimentas el amor de Dios por ti, deseas corresponder a ese amor. ¿Cómo lo harás? Lo más probable es que hayas tenido muchas ideas en el retiro, algunas acciones que evitarías y algunas que iniciarías para demostrar más amor y para que la unión entre Dios y tú continuara creciendo.

Si tratas de cambiar toda tu vida de inmediato, seguramente fracasarás. Elige sólo una cosa. Esta debe ser concreta y manejable. Por ejemplo: pudieras tratar de cambiar la manera en que te relacionas con una persona en tu vida. O tal vez pudieras tratar de eliminar el hábito de postergar ciertas acciones. Enfócate en una cosa hasta que sientas que la has dominado, antes de proceder a cambiar a algo más.

2) *Da por un hecho que Dios te seguirá hablando, pero probablemente lo hará de diferentes maneras que en el retiro.* El Dios de la Biblia es un Dios que habla a la gente, un Dios que no está lejano, sino presente e involucrado en nuestras vidas. En el retiro probablemente sentiste eso. Alejado del ruido y presiones de tu vida cotidiana, estabas tranquilo e inusualmente receptivo. Podías escuchar más claramente la voz del Dios que mora en tu corazón, así como la voz del Dios que habla en las escrituras.

¿Dónde habla Dios en medio del ruido y la actividad de la vida ordinaria, cuando el corazón no puede estar tan tranquilo? Espera un cambio. Escucha a Dios en los regalos de cada día. En la belleza y bondad del mundo. En las necesidades de tus hermanos y hermanas. En los retos morales. En las tranquilas señales de tu corazón. No te consternes si las escrituras no parecen tan elocuente como parecían, o si no sientes mucho a Dios. Dios habla y actúa de diferentes formas. Trata de estar atento a las formas en que Dios está comunicándose contigo ahora.

3) *Hazte el propósito de participar en un retiro más o menos cada año.* La experiencia te ha enseñado que un retiro es un tiempo especial, que el alejarte temporalmente de tu vida ordinaria para buscar a Dios directamente es emocionante y fructífero, que la perspectiva de vida que obtienes en un retiro es invaluable. Nada funciona mejor, es por eso que hombres y mujeres han asistido a retiros por siglos, los mejores de ellos haciéndolo con cierta regularidad. Habiendo vivido la experiencia, tal vez quieras hacerte el mismo favor. El hacerlo te refrescará y mantendrá tu vida en el sendero correcto.

Una especie de "mini-retiro" es posible en función de la vida diaria. Consiste en sacar de tu complicado horario algunos momentos para la oración tranquila, la eucaristía o la lectura de las escrituras. Aunque estas actividades no parezcan tan "nítidas" como lo fueron en el retiro, calladamente nutren tu relación con Dios y por lo tanto la influencia que Él tendrá en tu vida.

Buenas Nuevas: Jesús dijo: No bastará con decirme: ¡Señor! ¡Señor! para entrar en el Reino de los Cielos; más bien entrará el que hace la voluntad de mi Padre del Cielo. (Mt 7:21)

La fama de Jesús crecía más y más, a tal punto que multitudes acudían para oírle y ser curados de sus enfermedades. Pero Él buscaba siempre lugares solitarios donde orar. (Lc 5:15-16)

Acción Cristiana: Busca hoy formas en las que Dios te esté hablando a través de lo que está sucediendo en tu vida: en el cuidado de un miembro de la familia o un amigo, en la tranquila belleza de la naturaleza, en el reto de eventos mundiales.

SEMANA 1: MIÉRCOLES
Transformación Cristiana

En su ministerio público, Jesús llamaba a la gente a la conversión. "Cambien sus caminos y crean en la Buena Nueva" era su tema. (Mc 1:15) ¿Cambiar qué caminos? y ¿Cuál es la Buena Nueva? La conversión en el Nuevo Testamento significa un cambio de corazón, una reorientación total. Al leer los evangelios, es evidente que el cambio de corazón que Jesús visualiza no es algo fácil. Ese cambio requiere una transformación total en la forma en que vemos las cosas, valoramos, o vivimos la vida.

Una forma de ver lo que implica esa transformación es pensar en términos de las relaciones. Como seres humanos tenemos cuatro relaciones básicas: la relación con Dios, la relación con nosotros mismos, la relación con otras personas y la relación con las cosas. Es en estas cuatro áreas que Jesús quiere transformarnos. Cuando cambiamos nuestra forma de relacionarnos, nos cambiamos a nosotros mismos, porque nuestra persona está formada por nuestra interacción con las realidades que nos rodean.

Antes de nuestra conversión, nuestras cuatro relaciones básicas tienden a verse así: nuestra relación con Dios no existe o es débil. En relación a nosotros mismos: o nos sentimos el centro del mundo, la única persona por la que vale la pena preocuparse, o nos despreciamos y pasamos el tiempo mortificándonos internamente. En nuestra relación con los demás, tendemos a preocuparnos solamente por unos pocos y tener a grandes grupos de personas de quienes no nos preocupamos o simplemente los vemos como inferiores, incluso llegamos a oprimirlos. En lo que respecta a nuestra relación con las cosas, generalmente tendemos a ser codiciosos, esperando encontrar la felicidad en la abundancia de nuestras pertenencias.

¿Qué sucede cuando en respuesta al llamado de Jesús, luchamos por transformar nuestras relaciones y permitimos que ellas sean transformadas por el Espíritu de Dios?

1) *Con Dios.* Nos relacionamos con Dios en confianza. Creemos en el Dios protector y amoroso, sabemos que somos perdonados y aceptados, confiamos en que nuestra vida y la del mundo están en buenas manos. Apreciamos los valores de Dios revelados en Jesucristo como los valores para guiar nuestra vida.

2) *Con nosotros mismos.* Nos valoramos a nosotros mismos porque Dios nos valora. Dejamos de escuchar voces internas que nos dicen: eres tonto, no vales nada, nadie se preocupa por ti. Fuimos creados por Dios y Él se regocija en nosotros, aunque seamos imperfectos y estemos en un proceso. Por lo tanto, vivimos seguros y confiados. Sin embargo, no nos creemos el centro del mundo, porque en el esquema de las cosas de Dios no somos el centro del mundo. Tal vez la mejor forma de imaginar quiénes somos en el esquema de Dios es imaginarnos *a nosotros mismos* como co-creadores con Dios, amigos que nos preocupamos de los asuntos de Él y nos esforzamos en realizar sus proyectos.

3) *Con otras personas.* Ahora vemos como propósito en la vida el aprender a amar. Nuestro corazón, como el corazón de Dios, se vuelve tan grande como el mundo. Nos preocupamos

por todos y tanto en pequeña como en gran escala, hacemos lo posible para ver que los demás tengan vida y la tengan en abundancia. (Jn 10:10) Nos preocupamos especialmente por los pobres y los marginados, como lo hizo Jesús. No permitimos que el prejuicio o el miedo nos separen de alguien. Descubrimos quiénes son realmente las personas al hablar con ellas y el amor que les ofrecemos crea en ellos una esperanza que va más allá de la esperanza que ellas mismas tenían. Es una esperanza que otorga poder, como la forma en que la esperanza de Jesús por Zaqueo lo capacitó para ser mucho más de lo que había sido. (Lc 19) Una leyenda cuenta que Diógenes el Griego anduvo por el mundo con una linterna buscando un hombre justo. No lo pudo encontrar. Jesús lo encontró, dentro del buen ladrón.

4) *Con las cosas.* Si tomamos a Jesús de modelo para relacionarnos con las cosas, dos actitudes suyas sobresalen: La primera es su respeto por las cosas, su postura contemplativa hacia ellas, Jesús escuchaba a las cosas y en ellas oía la voz de Dios. Por eso sus historias acerca de Dios son historias de pájaros, semillas, niños, cosechas, reyes, estaciones, bodas, ladrones, banquetes, ovejas, lirios, familias. Jesús observaba y escuchaba, encontrando en la realidad diaria las parábolas de Dios. La otra actitud que destaca en Él en su relación hacia las cosas es su desprendimiento de ellas. Diferente a la mayoría de las personas que vivimos en el mundo, Jesús casi no necesitó pertenencias. No fue en las cosas donde encontró vida, sino en Dios y en la gente. Su exhortación a la gente era vender sus pertenencias, dar a los pobres y seguirlo a Él.

Cuando hablamos de conversión o transformación Cristiana, es evidente ahora lo extensa que ésta es. No es una labor de un momento, es un proyecto de por vida. La meta es la similitud a Cristo o santidad, lo cual es en parte un don y en parte una elección.

Buenas Nuevas: *Pero al tener a Cristo consideré todas mis ventajas como cosas negativas. Más aún, todo lo considero al presente como*

*peso muerto en comparación con eso tan extraordinario que es cono-
cer a Cristo Jesús, mi Señor. A causa de Él ya nada tiene valor para
mí y todo lo considero como pelusas mientras trato de ganar a
Cristo... Quiero conocerlo, quiero probar el poder de su resurrección
y tener parte en sus sufrimientos; y ser semejante a Él en su
muerte... No creo haber conseguido ya la meta ni me considero un
"perfecto", sino que prosigo mi carrera hasta conquistarlo, puesto que
ya he sido conquistado por Cristo. (Fil 3:7-12)*

Acción Cristiana: ¿A quién encuentras difícil tener cerca o
aceptar en tu familia, en el trabajo, o en la escuela? Pasa algún
tiempo con esa persona hoy y ve si puedes descubrir a esa persona en una forma nueva.

SEMANA 1: JUEVES

Personas difíciles

Parece ser que cada uno de nosotros encuentra en nuestro ambiente a un cierto número de personas difíciles con
quienes tenemos que vivir o convivir. Desearíamos que no
estuvieran ahí, nos parece tan difícil aceptarlas y llevarnos bien
con ellas. Es bastante desagradable cuando tenemos que jugar
en un equipo, trabajar o ir a la escuela con ellas, pero es peor
cuando la persona difícil es un padre, un hijo, un hermano o
un cónyuge. ¿Nos ayuda en algo nuestra fe cristiana en estas
circunstancias?

Sí. Nuestra fe nos ofrece algunas ideas y principios que
ayudan.

1) *El mandamiento Cristiano no es gustar, sino amar a nuestro prójimo.* Gustar y amar son dos cosas muy diferentes.
Gustar es tener *sentimientos* positivos por otros, realmente dis-
frutándolos. Amar es desearles el bien, es hacer lo que les

ayuda y no desearles o hacerles algo que pueda dañarles. Algunas veces el amor va acompañado de sentimientos no muy positivos. Una diferencia crucial entre amar y gustar es que tenemos una opción en lo que al amor concierne. Podemos hacer el bien a cualquiera y a todos. No tenemos ésta opción sobre lo que nos gusta, que como todos nuestros sentimientos, tiene una vida propia. Es por esto que el mandamiento no es sobre los gustos.

Es ciertamente más fácil cuando gustamos de la gente que debemos amar. Pero si nos encontramos en la dolorosa situación de que no nos gusta un compañero de trabajo o aún peor un padre, hijo o un hermano, no somos culpables. Los sentimientos no son ni buenos ni malos, solamente son sentimientos. Nuestra libertad de elección reside en cómo actuaremos.

2) *Generalmente la gente difícil no es feliz.* Tenemos que ver por debajo de su áspero comportamiento para ver el por qué de su forma de actuar. Nos ayuda colocarnos imaginariamente en sus zapatos y tratar de caminar una milla o dos en su situación. El personal de un asilo de ancianos estaba teniendo grandes dificultades para sobrellevar los estados de ánimo, exigencias interminables y terca oposición de un anciano residente. Finalmente uno de ellos dijo: "He estado pensando. Si perdiera a mi esposa, viviera en un asilo y hubiera sido confinado a una silla de ruedas con un tubo en mi nariz, me pregunto cómo me comportaría."

No toda la gente difícil tiene problemas de esta magnitud. Sin embargo, muchos son realmente infelices, tienen una muy baja auto-estima, son solitarios y celosos. Actúan a partir de su frustración. Cuando Jesús trataba con la gente, veía debajo de la superficie de su comportamiento tratando de encontrar sus corazones. Es por eso que hizo amistad con Zaqueo y con Magdalena, quienes eran despreciados por otros. Al ampararlos, Él los cambió. Como G. K. Chesterton comentó en una ocasión, la moraleja de la historia "La Bella y La Bestia" es que tenemos que decidir querer a una cosa (o persona) antes de poder amarle.

3) *Las personas difíciles son una oportunidad positiva.* Ellos siempre tienen algo que enseñarnos sobre la vida o sobre nosotros mismos. Son como advertencias de los peligros en los que podríamos también caer. Algunas veces nos muestran con claridad y evidencia esas pequeñas partes de nosotros que negamos y tratamos de esconder. Es por eso precisamente que reaccionamos tan severamente ante ellos.

Si miramos a las personas que no nos agradan, con frecuencia encontraremos que les tenemos miedo o que estamos celosos de ellos. Si perseveramos y los tratamos en lugar de escapar, aprenderemos a ser menos tímidos, menos susceptibles, menos celosos y no tan necesitados de tener a todos en nuestro club de admiradores. No hay otra forma de fortalecer nuestros puntos débiles mas que haciéndolos trabajar de esta manera.

4) *No es bueno ni cristiano dejar que las personas nos pisoteen.* Si la gente difícil tiene derecho a vivir, nosotros también tenemos ese derecho. Si ellos merecen respeto y amor, nosotros también lo merecemos. El mandamiento es amar a nuestro prójimo como a nosotros mismos. Si permitimos que las personas nos amenacen, manipulen, insulten o utilicen, les hacemos mal a ellos y a nosotros y esto es una falla en el amor. Cuando Jesús fue abofeteado por un guardia del sumo sacerdote, Él protestó: "Si he respondido mal, demuestra dónde está el mal. Pero si he hablado correctamente, ¿por qué me golpeas?" (Jn 18:23)

Salimos de un retiro con un gran amor por la humanidad y un deseo profundo por la paz. Entonces nos encontramos con nuestra gente difícil y descubrimos de nuevo que debemos amar en lo concreto y no en lo abstracto. El amor concreto no es un sentimiento sino un reto práctico. Si no podemos amar y vivir en paz con las personas que vemos a diario, ¿qué posibilidades tenemos como naciones de amarnos y vivir en paz unos con otros?

Buenas Nuevas: *El amor es paciente y muestra comprensión. El amor no tiene celos, no aparenta ni se infla. No actúa con bajeza ni* *busca su propio interés, no se deja llevar por la ira y olvida lo malo. No se alegra de lo injusto, sino se goza en la verdad. Perdura a pesar de todo, lo cree todo, lo espera todo y lo soporta todo. (1 Co 13:4-7)*

Acción Cristiana: Piensa en alguna persona difícil en tu vida. ¿Qué te enseña esa persona acerca de ti mismo? ¿Qué oportunidad de crecimiento personal tendrás al relacionarte con él o ella? ¿Cómo podrías tratar con esa persona con más efectividad?

SEMANA 1: VIERNES

¿Quién me necesita?

He hablado con muchas personas que piensan que nadie los necesita. Ellos se sienten completamente innecesarios. Están seguros de que si murieran, nadie los extrañaría después del primer día.

¿Cómo puede eso ser posible? El mundo está *lleno* de gente necesitada. Hay niños que suplican ser adoptados, ancianitos desalentados en asilos deseando tener a alguien con quien hablar. De hecho, hay gente solitaria en muchas circunstancias, con gran necesidad de alguien con quien compartir los gozos y luchas de su existencia.

Hay adolescentes que han escapado de su hogar y hay niños en la calle. Hay familias pobres que no tienen lo suficiente para vivir. En cada ciudad hay comedores de caridad que necesitan tanto comida como trabajadores voluntarios, hombres y mujeres en prisión que disfrutarían de tener amigos por correspondencia, de una visita, o de cualquier tipo de taller o grupo de estudio que se les pueda ofrecer.

Las organizaciones que trabajan por la justicia y la paz siempre necesitan voluntarios. Los candidatos políticos que tratan de edificar un mundo más justo necesitan ayuda para ser elegidos. La organización Amnistía Internacional sigue casos de prisioneros de conciencia en el extranjero y tratan de salvarlos de la tortura y de la muerte y organizan campañas para escribir cartas a líderes gubernamentales. En la mayoría de las ciudades principales, una llamada a la organización *United Way* o a alguna agencia de asuntos sociales abriría una infinidad de oportunidades para ayudar a la gente necesitada.

El rasgo más notable de Jesús de Nazaret fue probablemente su compasión por la gente sufriente anteriormente descrita. Él sentía compasión por las multitudes porque eran como ovejas sin pastor. Conmovido por el sufrimiento de los pobres, los enfermos y los marginados por la sociedad, Jesús acogía, sanaba, alimentaba, perdonaba y alentaba. Atacaba a los responsables de la opresión y sufrimiento de tantos. El no ofreció explicaciones teológicas sobre el sufrimiento humano, pero se entregó a sí mismo para aliviar ese dolor y pidió a la gente que lo ayudara.

Entonces, regresando a la pregunta: ¿Quién te necesita? Tal vez sería mejor preguntar: De toda esa gente que te necesita, ¿a cuánta puedes ayudar?

Pero tal vez sientas una duda. Quizás pienses que no tienes nada que ofrecer.

Todos tenemos algo que ofrecer, la mayoría tenemos mucho. Muy pocas de las formas de asistencia arriba mencionadas requieren de una pericia especial. Todos podemos dar lo que más necesita la gente: amor. El amor se traduce en tiempo, servicio y el compartir de uno mismo.

La sola idea puede parecer mucho trabajo. Pero hay algo paradójico en esto. Este tipo de trabajo es el que nos lleva a la felicidad. Todo el sentido de nuestra vida está ligado al amor: encontramos la felicidad amando a los demás y siendo correspondidos con su amor. Trabajando en consejería, he visto a muchas personas que me dicen que sus vidas no tienen sentido. Cuando comienzo a preguntar, siempre encuentro que es gente aislada, sin relaciones. Dicen que nadie los necesita. *Naturalmente* sus vidas no tienen sentido y están tristes si no tienen relaciones reales con otros. Ellos dicen "Quisiera que alguien me amara, sería maravilloso saber que alguien se preocupa por mi." Han estado sentados por años, esperando que esa persona llegue a su vida. Están disgustados con sus padres, sus cónyuges, sus amigos, porque según ellos, nadie ha hecho estas cosas por ellos.

La salida de esta prisión nos la enseña Jesús en su simple consejo: "Den y se les dará." (Lc 6:38) Al darnos a los demás, se nos da la oportunidad de conseguir lo que deseamos. El grito del corazón infeliz "¿podría alguien amarme por favor? es un grito equivocado. "¿Quién me necesita?" es la pregunta que nos lleva a la vida.

Buenas Nuevas: Jesús recorría todas las ciudades y los pueblos; enseñaba en sus sinagogas, proclamaba la Buena Nueva del Reino y curaba todas las dolencias y enfermedades. Al contemplar aquel gran gentío, Jesús sintió compasión, porque estaban decaídos y desanimados, como ovejas sin pastor. Y dijo a sus discípulos: "La cosecha es abundante, pero los trabajadores son pocos. Rueguen, pues, al dueño de la cosecha que envíe trabajadores a recoger su cosecha." (Mt 9:35-38)

Acción Cristiana: Acércate con amor a alguien que te necesite hoy.

SEMANA 1: SÁBADO

La Amistad

Probablemente no haya nada en la vida que valoremos tanto como a nuestros amigos. Frecuentemente la gente mayor o aquellos que están más cercanos a la muerte han dicho que la satisfacción más grande en sus vidas ha sido la amistad.

¿Qué tiene que ver la amistad con la vida Cristiana? Por lo menos tiene tres conexiones que vienen a mi mente: es de nuestros amigos, en el amplio sentido de la palabra de quienes recibimos nuestra fe en primer lugar. Ellos nos la enseñaron y nos mostraron cómo vivirla. Ahora, con el paso de la vida, es imposible crecer como personas o encontrar la felicidad sin relacionarnos con los amigos. Ya que Dios desea que tengamos crecimiento y seamos felices, se preocupa de que tengamos amigos. Finalmente y tal vez lo más importante, Dios está presente en nuestra experiencia de amistad. Cuando nuestros amigos nos aman, en ellos se encarna y expresa el amor de Dios. Ellos son sacramento de Dios y nos revelan a Dios.

Parece extraño llamar a un amigo sacramento. Pero un sacramento es simplemente un signo visible de algo invisible. Lo invisible es Dios. El signo visible puede ser casi cualquier cosa: una flor, el aire, el agua, ya que toda criatura expresa algo de Dios. Pero es el ser humano el que goza de un gran privilegio entre todos los signos visibles de Dios: Estamos hechos a su imagen, el Génesis nos lo dice. Podemos crear, como Dios crea. Aún más, podemos amar, como Dios ama. Pero nuestro amor no es una mera imitación externa, porque Dios habita en nosotros. Dios ama a través de nosotros y así nos convertimos en el signo visible de la acción amorosa de Dios.

Dios es amor: el que permanece en el amor permanece en Dios y Dios en él. (1 Jn 4:16)

Uno de los hechos fundamentales de la religión Cristiana es que Dios nos ama. Todos los cristianos lo creen, por lo menos en sus mentes, pero pocas personas lo sienten. Es así porque Dios es invisible y parece bastante distante. Lo que nos trae el amor de Dios y lo hace real es el amor de otro ser humano. Es entonces cuando lo sentimos y lo conocemos.

A Dios no lo ha visto nadie jamás; pero si nos amamos unos a otros, Dios está entre nosotros y su amor da todos sus frutos entre nosotros. (1 Jn 4:12)

Esto es lo que fue Jesús, la encarnación visible del amor de Dios en el mundo, el sacramento de Dios que llegó a la gente. Pero esto es lo que el resto de nosotros somos también, o por lo menos estamos llamados a ser. Ahora podemos ver la amistad humana desde un ángulo completamente diferente. Es Dios quien me da, Dios quien me quiere y aprecia, Dios quien me conforta y me reta a través de mis amigos. Y lo que son ellos para mí, yo soy para ellos también, el mismo tipo de sacramento.

Cuando lo pensamos, no es tan raro que todas nuestras experiencias de amor sean experiencias de Dios. Después de todo, es el amor el que sana. Es el amor el que nos alienta, liberándonos para ser nosotros mismos. Es el amor el que nos hace crecer. Es el amor y sólo el amor lo que hace que la vida tenga sentido. Es de amor de lo que estamos más hambrientos. Sabemos cuán profundo y poderoso es el amor. ¡Qué maravilla que Dios esté en el fondo de esa realidad tan poderosa y grandemente apreciada!

En base a lo que hemos explorado, podemos entender por qué el matrimonio es uno de los siete principales sacramentos en la tradición Romana Apostólica. El matrimonio es el ejemplo más notable de la relación humana. Los dos amigos que hacen el compromiso matrimonial serán el principal signo de la amabilidad de Dios de el uno para el otro toda su vida y nosotros, que vemos su amor leal, su cuidado, su amor de perdón, experimentaremos a Dios en una forma visible.

Nuestro pasaje de hoy de las escrituras se centra en Jesús como el sacramento del amor de Dios.

Buenas Nuevas: *Jesús estuvo comiendo en la casa de Leví, y algunos cobradores de impuestos y pecadores estaban sentados a la mesa con Jesús y sus discípulos; en realidad eran un buen número. Pero también seguían a Jesús maestros de la Ley del grupo de los fariseos y, al verlo sentado a la misma mesa con los pecadores y cobradores de impuestos, dijeron a los discípulos: "¿Qué es esto? ¡Está comiendo con publicanos y pecadores!". Jesús los oyó y les dijo: "No es la gente sana la que necesita médico, sino los enfermos. No he venido a llamar a justos, sino a pecadores."* (Mc 2: 15-17)

Acción Cristiana Medita hoy con gratitud sobre tus amigos y reza por ellos. Trata de permitir que Dios los ame más compasiva, amable y generosamente a través de ti.

SEMANA 1: DOMINGO

Encontrando la voluntad de Dios

Hacer la voluntad de Dios era la pasión que consumía la vida de Jesús. "Mi alimento es hacer la voluntad del que me ha enviado y llevar a cabo su obra." (Jn 4:34) "El que me ha enviado está conmigo, y no me deja nunca solo, porque yo hago siempre lo que le agrada a Él." (Jn 8:29) Cada discípulo de Jesús igualmente desea hacer su voluntad. Pero ¿cómo sabemos cuál es la voluntad de Dios para nosotros? ¿Es la voluntad de Dios que vaya a Misa todos los días? ¿Que medite diariamente? ¿Es la voluntad de Dios que sea parte de este comité? ¿Que continúe en este trabajo? ¿Será tal vez la voluntad de Dios que me una a una orden religiosa?

Algunas personas piensan que Dios tiene de hecho una respuesta específica para cada uno de nosotros para todas esas preguntas y que nosotros de algún modo debemos descubrir en cada caso cuál es esa respuesta. Buscan señales y están atentos tratando de escuchar mensajes y creen que los obtienen. Pero otros dicen que no obtienen mensajes y que no saben leer las señales. También dudan si Dios está realmente preocupado en cómo determinamos cada detalle de nuestras vidas.

Si observamos el programa que Jesús nos presenta en los evangelios, parece más bien algo general que específico, un amplio conjunto de directivas para vivir bajo el reinado de Dios. No nos ofrece técnicas sobre los detalles para encontrar su voluntad. La implicación parece ser que Dios nos deja el trabajo de lo específico a nosotros. El legado de Jesús para nosotros parece ser: 1) Un magnífico mandamiento acerca de amar a Dios y a los demás. 2) Su propio ejemplo de una vida humana realmente basada en el amor. 3) El don de su espíritu consolador.

Entonces, ¿qué podemos hacer para encontrar la voluntad de Dios en nuestro diario vivir? Orar porque nuestros valores sean los valores de Jesús y nuestro espíritu el de Jesús. Después ver qué decisiones tenemos que tomar y utilizar nuestro mejor juicio. Cuando nos encontramos ante decisiones particularmente difíciles o con una serie de implicaciones, podemos buscar ayuda adicional de personas que nos aman y que tengan también el espíritu de Jesús. Después de consultarlas, usamos nuestro mejor criterio y decidimos.

¿Pero cómo podemos entonces estar seguros de que estamos haciendo la voluntad de Dios? Tal vez esta pregunta sea mejor contestada con una analogía, la analogía de los padres verdaderamente amorosos y sus hijos. Los padres que genuinamente aman a sus hijos no legislan los detalles de sus vidas, excepto cuando éstos son muy pequeños. Conforme los niños se acercan a la edad adulta, los padres les dan más y más auto-determinación hasta que llegan al punto en que son completamente independientes. Todo lo que los padres desean de sus hijos es que sean buenas personas, que vivan una vida que valga la pena y que sean felices. Dejan que sean ellos quienes decidan si irán o no a la universidad, si se casan o no, con quién se casan si lo hacen, qué tipo de trabajo harán, dónde vivirán y cómo invertirán su tiempo.

Dios nos ama con ese mismo tipo de respeto a nuestra individualidad personal y libertad y tiene el mismo deseo por nuestra felicidad. Nos trata como adultos y nos otorga amplias instrucciones para nuestras vidas en la enseñanza y ejemplo de Jesús. Cuando vivimos dentro de estas enseñanzas, tomando las mejores decisiones que podemos, estamos haciendo la voluntad de Dios.

Buenas Nuevas: Uno de ellos, que era maestro de la Ley, trató de ponerlo a prueba con esta pregunta: "Maestro ¿Cuál es el man-

damiento más importante de la Ley?". Jesús le dijo: "Amarás al Señor tu Dios con todo tu corazón, con toda tu alma y con toda tu mente. Este es el gran mandamiento, el primero. Pero hay otro muy parecido: Amarás a tu prójimo como a ti mismo. Toda la Ley y los Profetas se fundamentan en estos dos mandamientos." (Mt 22: 35-40)

Jesús les dijo: Les doy un mandamiento nuevo: que se amen los unos a los otros. Ustedes deben amarse unos a otros como yo los he amado." (Jn 13:34)

Acción Cristiana: Cuando tomes decisiones hoy, trata de tener presente el ejemplo de la vida y el amor de Jesús, y permite que eso oriente tus elecciones.

SEMANA 2: LUNES

Sintiéndote bien contigo mismo

Muchos de nosotros sufrimos de baja-autoestima, no nos sentimos bien con nosotros mismos y como resultado nos alejamos de personas y actividades que tal vez disfrutaríamos y haríamos bien. Nos comparamos desfavorablemente con otros y les envidiamos que se vean bien, su juventud, salud, amistades, trabajo y personalidad.

La baja-autoestima normalmente surge de carencias y daño en la infancia temprana. Nuestros padres no nos afirmaron o alentaron lo suficiente. Nuestros hermanos o compañeros de niñez se burlaron de nosotros o nos criticaron algunas veces etiquetándonos con apodos que nos hirieron profundamente. Teníamos poca información para comparar y así se dio la auto-imagen negativa. ¿Cómo podemos sanar esa imagen?

Afortunadamente, en el curso de nuestras vidas, casi siempre Dios nos da aquello que tal vez no recibimos en la niñez. Vienen a nuestra vida amigos que nos estiman y aman y nos ofrecen bases para creer en nosotros y gustar de nosotros mismos. Nos colocan frente a un espejo en el que podemos ver nuestras buenas cualidades y nuestras posibilidades. Maestros, consejeros, familiares, amigos, todos ellos son instrumentos de esa sutil acción reconstructora de Dios.

Pero nosotros mismos tenemos un papel crucial en el proceso de sanación. Tenemos que escuchar y creer las cosas afirmativas, positivas y amorosas que los demás nos dicen, de otra forma no habría cambio en lo absoluto. Podemos encubrirlas, rechazarlas por pensar que no son sinceras, argumentar que son falsas y elegir permanecer centrados en lo negativo. Tenemos una importante elección que hacer en cuánto a qué tipo de música tocaremos en nuestra mente cuando estemos a solas. ¿Permitiremos que la voz crítica interna nos debilite? ¿O pondremos música más agradable? Después de todo, llegamos a ser felices no por la cantidad de amor que se nos da, sino por la cantidad de amor que nos permitimos recibir.

Al final, tenemos que darnos amor a nosotros mismos. El amor de los demás sólo puede prepararnos para ello y para apoyarlo. Será un día grandioso en nuestra vida cuando podamos decir: "Me gusto a mí mismo, soy valioso. Tengo cosas buenas que compartir con los demás". Ayuda mucho repetirnos estas cosas, aún cuando no las sintamos. Así es como cambiamos la música en nuestra mente y nos empezamos a sentir bien con nosotros mismos. Una vez que esto sucede, no importa tanto si los demás entienden o aprueban cada cosa que hacemos o no hacemos, puesto que ahora estamos parados sobre nuestros propios pies.

¿Cuál es la base en la cual nos podemos afirmar y sentir bien con nosotros mismos? Es el hecho que Dios nos hizo a cada uno y vio que éramos buenos. Dios no hace baratijas. Tal vez tu digas "si, pero algunas criaturas de Dios son más hermosas que otras y sucede que yo soy una de las menos hermosas." Aquí es donde se demuestra el daño que hubo en tu infancia, e insistes en esto como si fuera verdad. No te ves a ti mismo como Dios te ve. Piensa en las flores, Dios hizo muchos tipos. No tiene sentido para el lirio mirar a la rosa y decir "No me siento bien conmigo mismo porque no soy una rosa"; ambos, el lirio y la rosa son hermosos, y cada cual disfruta y da gloria a Dios siendo quien es.

Buenas Nuevas. *Dios vio que todo cuanto había hecho era muy bueno. (Gen 1:31)*

Jesús dijo: "Amarás a tu prójimo como a ti mismo." (Mt 22:39)

Acción Cristiana: Toma unos momentos hoy para reconocer algunos de tus dones especiales y agradece a Dios por crearte y amarte.

SEMANA 2: MARTES

La Oración

Cuando tomaste la decisión de asistir a un retiro, ya sea que te hayas dado cuenta completamente o no, estabas tomando la decisión de permitir a Dios entrar en tu vida. Esta no es una decisión fácil, ya que aunque es emocionante permitirle a Dios entrar, también puede provocarnos temor. La decisión de orar con regularidad es exactamente lo mismo. De nuevo el asunto es si abres tu vida a Dios o no. Otra vez los sentimientos son una mezcla de deseo y temor.

¿Por qué oramos? Probablemente por la misma razón que vamos a un retiro: sentimos una necesidad de algo. Nos sentimos solos, deseamos tener una compañía más fiel de lo que las asociaciones humanas comunes nos dan. Deseamos un significado más profundo de lo que las experiencias superficiales nos ofrecen. Necesitamos ayuda con los conflictos y problemas que parecen mayores que nuestros recursos. Deseamos sentir otra vez ese bienestar que sólo hemos conocido en la presencia de Dios. Escucha cómo los Salmos, el libro de oraciones de la Biblia, expresa el sentimiento que motiva a la gente a orar:

> Oh Dios, tú eres mi Dios, a ti te busco,
> mi alma tiene sed de ti;
> en pos de ti mi carne languidece
> cual tierra seca, sedienta, sin agua. (Sal 63:2)
> En Dios sólo descansa el alma mía,
> de Él espero mi salvación. (Sal 62)

Dirijo la mirada hacia los montes:
¿de dónde me llegará ayuda?
Mi socorro me viene del Señor
Que hizo el cielo y la tierra. (Sal. 121)

No perseveraremos en la oración si nuestra base es el "debería hacerlo", la oración toma mucho tiempo y frecuentemente es algo tedioso. Permanecemos en ella sólo en el caso de la necesidad o de la atracción descrita arriba. Continuamos con ella también porque nos damos cuenta que tiene un buen efecto en nosotros. "Cuando rezo me siento centrada conforme va pasando mi día" dijo una mujer. "Tengo una fortaleza interna."

"Desearía saber como rezar" dijo un hombre. "Tú sabes como rezar," le dije "si sabes cómo cargar a un niño en tus rodillas, si sabes abrazar a tu esposa, si sabes estar tranquilo y pescar en un lago. La oración es una actividad natural y todos saben como rezar si saben mirar, si saben amar."

No hay una "forma correcta" para rezar, no hay un "método" específico. Cada uno de nosotros reza a su manera, como cada quien camina a su manera. A algunas personas les gusta sentarse en una iglesia o capilla y simplemente permanecer ahí al rezar. A algunos les gusta caminar. Algunos hacen yoga, se colocan en la posición de flor de loto y centran la atención en su respiración o en la flama de una vela. Algunos tocan la guitarra y cantan. Otros bailan ante el Señor. Otros abren las escrituras y leen despacio. Algunos mitigan experiencias que aún están en sus conciencias porque fueron, o muy dolorosas o muy felices, y meditan en el significado de estas experiencias con Dios. Otros usan su imaginación y encuentran a Dios en varios símbolos.

¿Qué tienen en común todas esas formas de acercarse a la oración? Todas ellas son algún tipo de relación, un yo-tú, un estar juntos, una mutua conciencia e influencia. Todas ellas son una forma de escuchar-responder, aunque ese dar y tomar es tan tranquilo e implícito como cuando una pareja con mucho tiempo de casados lee el periódico frente a la misma chimenea.

"Pero siempre tengo distracciones cuando rezo" dijo un niño "y no me puedo deshacer de ellas". Sí, pero tu comunión con Dios está teniendo lugar a un nivel más profundo. Ese vínculo no es un asunto de la mente, que es donde están tus distracciones. "Deja que la loca corra por la casa" decía Santa Teresa hablando de las distracciones. "No te preocupes por ella". Sólo continúa regresando a la presencia tranquila. Si cierta distracción continúa entrometiéndose, tal vez sea mejor, en lugar de pelearte con ella, hacerla el foco de tu oración. Podría estar recordándote la cosa más importante que está sucediendo ahora en tu vida. Tráela al diálogo con Dios. De cualquier manera, no te desanimes por las distracciones. Tomaste la decisión de permitir a Dios entrar a tu vida, así que Dios está ahí. El resto es secundario.

Buenas Nuevas: *Inmediatamente Jesús obligó a sus discípulos a que subieran a la barca y lo fueran a esperar a Betsaida, en la otra orilla, mientras Él despachaba a la gente, y luego se fue al cerro a orar. (Mc 6:45)*

Acción Cristiana: Toma hoy un tiempo para orar. Hazlo de cualquier manera que te parezca natural.

SEMANA 2: MIÉRCOLES

La Soledad

La soledad es una experiencia familiar para la mayoría de las personas. Los niños pequeños con frecuencia la sienten, aunque no conocen su nombre. La gente mayor que ha perdido a sus compañeros de vida la conocen íntimamente y lo mismo le pasa a muchas personas entre estas dos etapas, incluyendo a los casados. ¿Es esta una condición permanente que no se puede solucionar, o un problema que no se puede resolver? Cuando está presente, ¿qué significa?

Nuestra soledad tiene mucho en común con nuestra sexualidad. Ambas son signos de que somos incompletos y de nuestra profunda añoranza de compañía y cercanía. Así que ambas hablan del propósito de Dios para nosotros y están profundamente arraigadas en la forma en que estamos hechos. Así como el hambre nos dice que necesitamos comida, el dolor de la soledad nos obliga a pensar en la compañía que necesitamos y nos muestra el camino a la solución. Cuando sentimos la soledad podemos con razón interpretar lo siguiente: Dios me ha hecho para estar con otros y este dolor y vacío interno que siento es una señal de que debo alcanzar más. ¿Con quién puedo compartir de mí? ¿Y quién necesita compartir conmigo?

Todos estamos en la misma situación, hechos de la misma manera, sintiendo la misma necesidad. Hay gente que está aún más solitaria que tú, aunque su exterior no lo demuestre. Tal vez se vean "tranquilos", aparentemente todo está bajo control. Pero con frecuencia es sólo la cubierta, una forma de poner una cara menos vulnerable. Otras personas parecen ser poco amigables, aun pareciendo hostiles. Parece que cargan un letrero que dice "No se acerque." Otros parecen muy ocupados, complicándose con cosas, hablando solos o con cualquiera a su alrededor acerca de lo ocupado que están. Probablemente tú has usado algunas, o tal vez todas esas tácticas y por ello puedes ver a través de ellas. Una vez una mujer mayor comentó muy atinadamente "Te puedes dar cuenta con toda seguridad cuando otras personas están solitarias. Si las saludas y muestras un poco de interés, entrarán en confianza contigo, no importa cómo se hayan visto al comenzar."

La soledad tiene otro significado además de recordarnos nuestro llamado a interesarnos por otras personas. También indica una necesidad más profunda, nuestra necesidad de Dios. "Tú nos hiciste para ti, oh Señor", dice San Agustín "y nuestros corazones no descansarán hasta que descansen en Ti". Algunas veces nuestra soledad es un llamado a la oración. En la víspera de su pasión, cuando sus compañeros se quedaron dormidos en el huerto, Jesús se volvió hacia Dios. El teólogo Romano Católico, Karl Rahner, nos invita a desafiar algunas veces a nuestra propia soledad y a que en lugar de buscar otras soluciones descendamos a la caverna obscura de nuestro espacio interior y busquemos la presencia tranquila y benevolente que existe ahí.

Hablando con personas que disfrutan de una relación fuerte con Dios, con frecuencia he visto que esas personas tuvieron infancias solitarias. En la ausencia de cualquier compañía humana significativa, desarrollaron una amistad con Dios, el único que estuvo a su alrededor. Lo que pareció una maldición en ese momento, una niñez solitaria, se llegó a convertir en una gran bendición en sus vidas, pues la amistad que desarrollaron con Dios ha crecido a través de los años.

¿Es entonces la soledad una parte permanente de la condición humana en este mundo o es un problema que se puede resolver? Parece que es ambas. Su significado es claro: encontramos nuestra realización sólo compartiendo la vida con otros, y lo que es más importante, compartiendo la vida con Dios. El dolor de la soledad es un empujón hacia esas direcciones, un empujón que necesitamos porque las relaciones son riesgosas y a veces nos retractamos de ellas.

Buenas Nuevas:

El Señor es mi pastor: nada me falta;
en verdes pastos Él me hace reposar.
A las aguas de descanso me conduce,
y reconforta mi alma.
Por el camino del bueno me dirige,
por amor de su nombre.
Aunque pase por quebradas oscuras,
no temo ningún mal,
porque tú estás conmigo

con tu vara y tu bastón,
y al verlas voy sin miedo.
La mesa has preparado para mí
frente a mis adversarios,
con aceites perfumas mi cabeza
y rellenas mi copa.
Irán conmigo la dicha y tu favor
mientras dure mi vida,
mi mansión será la casa del Señor
por largos, largos días. (Sal 23)

Acción Cristiana: Haz un esfuerzo hoy por hablar con alguien a quien veas solitario aunque enmascare esa soledad con un exterior que pueda desanimarte.

SEMANA 2: JUEVES

Amando a personas que son diferentes

Cuando comprendemos que el amor es el centro de la vida cristiana, normalmente reflexionamos en nuestras relaciones cercanas y tratamos de mejorarlas. Esto es algo bueno. Hay otra área que necesitamos examinar también si deseamos amar como Jesús lo hizo. ¿Qué tanto se extiende nuestro amor? El amor de Jesús era tan grande como la humanidad. En las vidas de la mayoría de nosotros, el prejuicio, reconocido o no reconocido, limita severamente el alcance de nuestro amor.

A algunos no les gustan los negros, a otros no les gustan los blancos, a algunos no les gustan las mujeres. A otros no les agradan los hombres. Algunos odian a los homosexuales, otros odian a los comunistas. Algunos odian a los Judíos. Otros no soportan a los liberales. Algunos desprecian a los conservadores. Otros desprecian a los Católicos Romanos. Algunos desdeñan a los Mormones. Algunos de nosotros odiamos cualquier tipo de gente, menos a los nuestros y de éstos, muchos no nos caen bien. Así que cuidamos solamente de nuestras familias y nos mantenemos al margen de todos los demás. Normalmente con esta clase de amor tampoco en nuestras familias las cosas van a ir muy bien.

¿De dónde viene el prejuicio? Pues bien, la palabra prejuicio significa pre-juzgar o juzgar antes de. Un prejuicio no es una conclusión sacada de la experiencia. Es un juicio llevado a cabo sin el beneficio de la experiencia. Generalmente nosotros heredamos de otros nuestros prejuicios y no nos molestamos en revisar y ver si sus juicios son verdaderos. De vez en cuando, nuestro prejuicio se basa en una experiencia personal, pero con frecuencia ha sido sólo de un caso. A partir de esa experiencia, estereotipamos a un grupo completo y decidimos no tener nada que ver con ellos. El prejuicio está arraigado en la flojera, la ignorancia y el miedo.

Una mujer me dijo: "Yo prejuzgaba y odiaba a todos lo homosexuales. Un día mi hijo reunió el valor para decirme que él era homosexual. Yo lloré. Él lloró. En las semanas siguientes, empecé a escucharlo de verdad y aprendí mucho. Poco a poco trajo a casa a algunos de sus amigos. Llegué a entender que las personas homosexuales son seres humanos maravillosos que cargan un profundo sufrimiento. Mis ojos fueron realmente abiertos. Ahora mi hijo y yo somos los mejores amigos."

Nuestros prejuicios con frecuencia tienen sus raíces en nuestros sentimientos de insuficiencia. Le tememos a la homosexualidad porque tememos a la parte homosexual que hay en nosotros. Le tememos al sexo opuesto porque nos sentimos débiles en las partes en que ellos son típicamente fuertes, o porque nos sentimos débiles en las áreas en que se supone nuestro sexo es fuerte. A veces buscamos cualquier grupo de gente sobre la cual nos podamos sentir superiores, porque en el fondo nos sentimos inferiores ante casi todos. La posibilidad de un amor más grande a la humanidad comienza con el difícil acto de amarse a uno mismo.

La historia de la mujer con el hijo homosexual muestra la otra parte importante de la cara de nuestros prejuicios. Si las raíces del prejuicio están en la flojera, la ignorancia y el miedo, debemos armarnos de valor e iniciar un contacto directo, un diálogo real con cualquier tipo de persona para la cual sintamos prejuicios y rechazo. Algo de familiaridad no es suficiente. Debemos realmente escuchar, tratando de entender. Debemos hacer preguntas, evitando juzgar por un buen tiempo. El entendimiento llega gradualmente y con éste la simpatía. Ahora estamos en una posición completamente diferente ante la persona. Hemos llegado a tener contacto con su humanidad.

Un hombre puede golpear a una mujer sólo si olvida que ella es una persona. Un soldado puede utilizar instrumentos de tortura en un cautivo sólo si lo ha despersonalizado. Un estado puede ejecutar a un criminal sólo si hace a un lado el hecho de que es un ser humano. Una nación puede lanzar un arma nuclear a otra sólo si borra el hecho de que esa nación está compuesta por familias como las nuestras. ¡Qué cautelosos debemos ser con las etiquetas y estereotipos; qué alertas a nuestra ceguera y miedos irracionales tenemos que estar!

Jesús vio los corazones. También existían los prejuicios en su sociedad en contra de la mujer, los cobradores de impuestos, los leprosos, los samaritanos, los no-judíos. Eran esas precisamente las personas a la que Jesús más quería llegar, familiarizarse y amar.

Buenas Nuevas: "*Yo les digo a ustedes que me escuchan: amen a sus enemigos, hagan el bien a los que los odian, bendigan a los que los maldicen, rueguen por los que los maltratan. ...Porque si ustedes aman a los que los aman, ¿qué mérito tiene? Hasta los malos aman a los que los aman....Sean compasivos como es compasivo el Padre de ustedes. No juzguen y no serán juzgados; no condenen y no serán condenados; perdonen y serán perdonados. Den, y se les dará; se les echará en su delantal una medida colmada, apretada y rebosante. Porque con la medida que ustedes midan serán medidos.*" *(Lc 6:27-28)*

Acción Cristiana. Comienza a orar por aquellas personas a las que menosprecias u odias. Eso te ayudara a verlos como seres humanos como tú. Luego trata de tener ese contacto directo descrito anteriormente.

SEMANA 2: VIERNES

Sentimientos religiosos, vivencia religiosa

Uno de los errores más comunes que como personas religiosas cometemos es confundir los sentimientos con la realidad. Pensamos que si nos sentimos cerca de Dios y hablamos religiosamente, somos santos. Si no sentimos nada, estamos convencidos de que estamos lejos de Dios y que algo anda mal. Entonces pensamos que somos santos en el retiro y estamos seguros de haber "perdido" esa santidad no mucho después de haber regresado a nuestra rutina.

Sin embargo Jesús dijo: "Ustedes los reconocerán por sus obras." (Mt 7:20) y también: "No bastará con decirme: ¡Señor!, para entrar en el Reino de los Cielos; más bien entrará el que hace la voluntad de mi Padre del Cielo." (Mt 7:21) De lo que necesitamos estar pendientes es de nuestro comportamiento, no de nuestros sentimientos. Porque la verdad básica es esta: Siempre podemos hacer el bien, aún en la ausencia de buenos sentimientos. Y podemos no cumplir con lo que es necesario hacer aún estando llenos de sentimientos de santidad.

No hay duda de que sentir la presencia y amor de Dios es una experiencia maravillosa y que esa presencia nutre nuestra vida de fe convenciéndonos de la verdad. La buena vida es más fácil cuando estamos apoyados por el sentido de esa presencia. Sin embargo, cualquier veterano espiritual sabe que los sentimientos de este tipo son poco confiables. No podemos producirlos y no podemos mantenerlos. Sólo hay una cosa bajo nuestro control y es la que realmente importa: el poder de elegir cómo viviremos.

Como personas tocadas por el amor de Dios, deseamos crecer en la fe, la esperanza y el amor, pero, ¿qué es la fe verdadera? ¿Es fe verdadera creer cuando nuestros sentimientos por el amor de Dios son tan fuertes que no puede haber duda? O ¿es fe verdadera creer cuando no hay ningún tipo de señal? ¿Es esperanza verdadera cuando podemos ver que Dios está trabajando y todo sale maravillosamente? O ¿es esperanza verdadera cuando no hay en lo más mínimo una seguridad palpable? ¿Es amor verdadero cuando das, pero recibes más a cambio? o ¿es amor verdadero cuando das y no recibes nada a cambio? ¿Pudiera ser que Dios retira esa clara presencia y esos sentimientos de calidez precisamente para que nuestra fe, nuestra esperanza y nuestro amor se vuelvan más genuinos?

Uno de los hechos poco sabidos de las vidas de los santos es que muchas veces ellos pasaron años sin tener sentimientos sobre la presencia y el amor de Dios. Esto prácticamente los mataba, pues sus vidas enteras estaban orientadas y en amistad con Dios. Al no apagarse su sed y al continuar su oración sin respuesta, se sentían completamente abandonados y pensaban que eso sucedía posiblemente por sus pecados. Mientras tanto, todos los que los conocían experimentaban una clara presencia de Dios en ellos y una influencia de Él en su comportamiento, pero ellos no podían sentir nada de eso. Tenían que vivir por la fe.

La experiencia de la vida cristiana, como sucede la mayoría del tiempo, está muy bien simbolizada con la escena de los discípulos solos en una barca en un lago tormentoso. Los vientos aullaban y las olas se alzaban a los lados; el que los metió en esto no se encuentra por ninguna parte. La última vez fue visto en la montaña hacía algún tiempo. (Mc 6:45) Pero esa es sólo la escena uno. En la escena dos Jesús regresa a ellos, en la absoluta oscuridad de la noche, caminando sobre el agua y los reprende por su falta de fe.

Buenas Nuevas: *"Imagínense un administrador digno de confianza y capaz. Su Señor lo ha puesto al frente de su familia, y es él quien les reparte el alimento a su debido tiempo. Afortunado será ese servidor si, al venir su señor, lo encuentra cumpliendo su deber. En verdad les digo: su señor lo pondrá al cuidado de todo lo que tiene."* (Mt 24, 45-47)

Acción Cristiana: Lee la biografía de un santo cristiano cuya vida te parezca atractiva.

SEMANA 2: SÁBADO

El Pecado

El pecado es algo en lo que normalmente no nos gusta pensar. Sin embargo, es una realidad en nuestras vidas. Si tomamos en serio la vida cristiana, necesitamos tener algunas concepciones claras y justas de lo que es el pecado y de cómo trabaja en nuestras vidas. La pregunta no es fácil: ¿qué es realmente el pecado? ¿Es la masturbación un pecado? ¿Un comentario sarcástico es pecado? ¿Es pecado faltar a Misa el domingo? ¿Estar enojado es pecado?

Mucha gente ha crecido pensando que el pecado es quebrantar un mandamiento. Hay muchas leyes y reglas, cuando una acción va en contra de ellas, eso es pecado. Dios lleva un registro. Hay pecados grandes (mortales) y pecados pequeños (veniales). Si cumples con todas las leyes y reglas, no hay pecado en tu vida.

Esta es la posición legalista sobre el pecado. Una posición diferente, una que se apega más al entendimiento bíblico, está siendo recuperada en la enseñanza cristiana de hoy. En la Biblia el pecado es siempre visto dentro del contexto de una relación de amor entre Dios y nosotros. El pecado es una falla al vivir las implicaciones de esa relación. Dios nos ama y tiene un propósito para nuestras vidas. Ese propósito es que lleguemos a la plenitud como personas. Ser plenamente humanos es ser, ante todo, personas que aman. Dios tiene también un propósito para todo el mundo: que la humanidad esté unida por lazos de amor para que todos en el mundo tengamos vida y alcancemos la plenitud de nuestra personalidad. Nosotros vivimos siempre en relación con Dios dentro de ese propósito de amor. Cuando no cooperamos con ese propósito actuamos en contra de Él y es cuando pecamos.

Fundamentalmente, entonces el pecado es una negación al amor. Es una frustración en el proyecto amoroso de Dios para mí y para el mundo. No es primeramente el rompimiento de la ley, sino el dañar esa relación interpersonal entre Dios y yo y entre yo y otras personas. En el pecado, alguien, yo mismo o alguien más, siempre sale lastimado, es entorpecido, es violado. Esto sucede porque yo prefiero alguna gratificación inmediata y no mi verdadero bienestar y el de los demás. Es porque las personas a quienes Dios ama verdaderamente: yo y otros, son lastimadas si Dios está apenado por el pecado humano. Esa realidad es vagamente expresada al hablar de una "divina majestad ofendida".

Por la profundidad de nuestra relación interpersonal con Dios en el amor, los profetas bíblicos llamaban a todo pecado humano adulterio. Al expresar eso, no hablaban de que nos acostamos con los cónyuges de personas casadas. Ellos pensaban acerca de nuestro matrimonio con Dios, al cual llamaban alianza, una alianza sagrada de amor mutuo. Ser desleal en cualquier manera a esa alianza era considerado como adulterio. Jesús quiso decir lo mismo cuando llamó a la gente de su tiempo "generación malvada y adúltera".

La teología contemporánea del pecado lo coloca más en tendencias, patrones y hábitos que en actos determinados. Por lo tanto, muchos teólogos sugieren hablar de lo pecaminoso en lugar del pecado. Tenemos tendencias, por ejemplo, hacia la deshonestidad, hacia los prejuicios, a utilizar a otras personas, a pensar sólo en nosotros mismos. Estas tendencias muestran patrones y hábitos de nuestra vida diaria y nosotros vagamente estamos conscientes de ellos. Entonces algo sucede que nos coloca cara a cara con uno de ellos y nos damos cuenta de lo que habíamos estado haciendo. Acabamos de ser confrontados con nuestro pecado. Ahora nosotros tenemos una elección, romper con ese patrón de acción o continuarlo.

Esto sugiere una forma diferente de confesar nuestros pecados: o se los confesamos a la persona que hemos lastimado o a un sacerdote en el sacramento de la reconciliación. En lugar de decir: "Fui poco caritativo cinco veces", tal vez yo diría, "Últimamente he estado muy preocupado con mis propios asuntos y no he estado presente para mi familia, no los he escuchado realmente y no he estado pendiente de lo que necesitan." O tal vez iría con mi cónyuge o mejor amigo y diría: "Pienso que últimamente te he lastimado siendo frío y distante, lo siento. Me he dado cuenta que en el fondo hay un resentimiento que estoy sintiendo y deseo hablar sobre eso contigo."

Es básico para nuestro entendimiento del pecado que recordemos que tenemos un convenio de amor con Dios y que el propósito de Dios para nosotros y para todos los demás es que tengamos una vida verdadera. Lo que el pecado alimenta es la muerte. Así que tenemos que estar pendientes de los patrones de comportamiento en nuestras vidas, para ver si lo que ellos expresan es una vida de amor. Donde veamos lo contrario de amar, trabajemos para cambiar ese patrón. En todo esto debemos aprender a ser pacientes con nosotros mismos. Dios es paciente con nosotros. Aprender a amar, bien puede tomar una vida entera.

Buenas Nuevas: *Pónganse, pues, el vestido que conviene a los elegidos de Dios, sus santos muy queridos: la compasión tierna, la bondad, la humildad, la mansedumbre, la paciencia. Sopórtense y perdónense unos a otros si uno tiene motivo de queja contra otro. Como el Señor los perdonó, a su vez hagan ustedes lo mismo. Por encima de esta vestidura pondrán como cinturón el amor, para que el conjunto sea* *perfecto. Así la paz de Cristo reinará en sus corazones, pues para esto fueron llamados y reunidos. (Col. 3:12-15)*

Acción Cristiana. Ve y reconcíliate hoy o tan pronto como puedas con alguien a quien hayas herido con tus acciones. Decide por lo menos una forma de empezar a cambiar ese patrón de acciones.

SEMANA 2: DOMINGO

Imágenes de Dios

¿Cómo podríamos describir a Dios? Nosotros experimentamos a Dios, pero como nos lo dice el cuarto evangelio, "Nadie ha visto a Dios jamás." (Jn 1:18) Ni nuestras mentes pueden entender a Dios, porque Dios es un gran misterio. Los hebreos experimentaron a Dios mucho antes que nosotros. La forma en que manejaron el problema de su descripción fue utilizando imágenes e historias para lograr comunicar con éxito lo que ellos habían encontrado.

Jesús, un hebreo, hizo lo mismo. Fue a través de muchas historias que Él intentó comunicarnos quién es Dios, qué es lo que hace y qué es lo que desea. Llamamos a estas historias parábolas. Jesús también utilizó imágenes. Su imagen favorita de Dios era la de Padre. Los hebreos no habían usado esta imagen en lo más mínimo. De hecho Jesús fue más allá al tratar de describir el amor amable y familiar de Dios. Lo llamaba "Abba", el nombre con que los niños hebreos llamaban a sus padres. La palabra significa "papi" o "papá".

Lo que algunas veces hemos olvidado es que esas imágenes de Dios son exactamente eso; imágenes. Eso incluye la imagen favorita de Jesús, la del Padre. Algunas veces hemos entendido mal estas imágenes por el misterio en si mismo. Así que la mayoría de los cristianos hablan de Dios como "Él", como si Dios fuera realmente masculino. Esto ha tenido efectos desafortunados. Uno de ellos es reforzar el sexismo de la cultura, implícitamente validando el dominio masculino. Otro efecto es el limitar formas en las cuales nosotros podemos experimentar a Dios. Las personas que han tenido experiencias dolorosas con sus padres humanos, por ejemplo, tienen gran dificultad relacionando cualquier tipo de calidez o confianza con un Dios presentado exclusivamente en términos paternales.

Para evitar esta dificultad, el Dios de los Hebreos les dio un mandamiento: No harán imágenes. Por eso no tenemos arte representando al Dios de los Hebreos. Una vez que hay una imagen, es muy fácil confundir la imagen con la realidad. Cuando los Hebreos le pidieron a Dios un nombre que pudieran usar, la respuesta de Dios fue: "Yo soy" (Ex 3:14). Es bastante difícil imaginarse una imagen de eso.

Con un profundo sentido de misterio incomprensible, los hebreos utilizaron imágenes masculinas, femeninas e impersonales para Dios en la Biblia. Dios es rey, guerrero, juez; Dios es una mujer dando a luz, una mujer amamantando a su niño, la dama sabiduría buscando en las calles a personas e invitándolas a cenar. Dios es luz, trueno, un águila, agua, pan. Una de las imágenes de Jesús sobre Dios es esa de la mujer barriendo incansablemente la casa buscando su moneda perdida que era demasiado importante para ella. Una imagen que Jesús usa para si mismo es la de la gallina deseando reunir a sus polluelos bajo sus alas.

La rica variedad de imágenes bíblicas nos hace estar conscientes de las muchas facetas del misterio de Dios. Las variadas imágenes nos hacen también estar conscientes de las diferentes formas de relacionarnos con Dios. Como iglesia hemos caído en la idolatría, tomando la imagen masculina de Dios como la real. Como consecuencia, hemos sufrido el empobrecimiento de nuestras vidas espirituales individual y socialmente. Los grandes místicos cristianos, tanto hombres como mujeres, han usado las imágenes femeninas e impersonales de Dios así como la masculina en sus oraciones y escritos espirituales. Volver a tener contacto con esta tradición es experimentar una maravillosa liberación. Esto no sólo para las mujeres, sino para los hombres también.

Así que cuando reces, o al ir avanzando en tu día, tal vez puedas imaginar a Dios en formas femeninas o impersonales. ¿Cómo te sientes relacionándote con Dios como una madre? ¿Qué pensamientos o sentimientos tienes cuando piensas en Dios como una luz irradiando todas las cosas, o como una energía creativa profunda en la realidad, como un poder sanador trabajando tranquilo en los quebrantos del mundo? Estas o algunas otras imágenes pueden ser la clave que abra el poder de tu propia relación con Dios.

Buenas Nuevas: *Jesús dijo: "Y si una mujer pierde una moneda de las diez que tiene, ¿no enciende una lámpara, barre la casa y busca cuidadosamente hasta que la encuentra? Y apenas la encuentra, reúne a sus amigas y vecinas y les dice: "Alégrense conmigo, porque hallé la moneda que se me había perdido". De igual manera, yo se lo digo, hay alegría entre los ángeles de Dios por un solo pecador que se convierte." (Lc 15:.8-10)*

Acción Cristiana: Experimenta con imágenes femeninas e impersonales de Dios en tu oración y vida diaria. Observa qué efectos tienen en ti. Usa las imágenes que te abran al misterio de Dios.

SEMANA 3: LUNES

Sintiendo enojo

¿Es pecado estar enojado? ¿Es posible amar a alguien y también estar enojado con él o ella?

Si fuera pecado estar enojado, Jesús sería culpable en esto. Él tomó un látigo un día y lanzó fuera del templo a los compradores y mercaderes del templo, tirando sus mesas. Otro día se dirigió a los líderes judíos en estos términos: "¡Ay de ustedes, maestros de la Ley y fariseos, que son unos hipócritas! Ustedes recorren mar y tierra para ganar un pagano y, cuando se ha convertido, lo transforman en un hijo del demonio, mucho peor que ustedes." (Mt 23:14-15) Estas no son las palabras o acciones de un hombre en un estado de ánimo cordial. Evidentemente Jesús estaba enojado.

El enojo no es malo por sí mismo. Es una emoción humana normal y útil. No tenemos más control cuando surge el enojo que el control que tenemos si surgen sentimientos sexuales. Ambos son instintivos y anteriores a cualquier elección. Todo animal, incluyendo al humano, está equipado con el enojo como una respuesta inmediata a cierto estímulo. El enojo es un aviso de que el bienestar del organismo se siente amenazado. Prepara al animal para pelear o huir. El animal humano tiene la opción adicional de hacer negociaciones pacíficas. Así que el asunto moral no es si sentimos enojo o no, sino lo qué haremos con nuestro enojo. ¿Lo usaremos para destruir o para construir?

El enojo surge aún en las relaciones humanas más cercanas. Es bastante compatible con el amor, el cual lo soporta a un nivel más profundo. El enojo tiene que ver con problemas particulares que necesitan atención y el amor pide que sean atendidos. Si dos personas no pueden tratar honestamente con el enojo que surge inevitablemente con el trato cercano, tampoco pueden gozar de la intimidad real. Pueden ser capaces de mantener todo bien en la superficie conteniendo el enojo, pero emocionalmente se han mudado a una distancia segura. Hay mucha más intimidad en esos amigos que de vez en cuando están en desacuerdo, enfrentan el problema y terminan abrazándose.

Para muchos de nosotros el enojo es probablemente la emoción más difícil de manejar. Es muy difícil escuchar a alguien que está enojado con nosotros. Pero también es difícil para muchos de nosotros expresar nuestro propio enojo. Al principio, tal vez pensamos que está mal sentirnos así, luego dudamos en expresarlo por temor a herir los sentimientos de la otra persona, o porque tememos ya no agradarle. Pero cuando contenemos el enojo, descubrimos que tiene un alto costo para nuestra mente y aún para nuestros cuerpos.

Para enfrentar el enojo con alguien, es útil estar conscientes de que el enojo es una emoción secundaria, no primaria. Siempre hay otro sentimiento por debajo: heridas, frustración o miedo. Por ejemplo, cuando las preguntas de algunas personas nos amenazan, con frecuencia reaccionamos con enojo. Cuando la gente nos hiere desairándonos o insultándonos, el enojo surge de inmediato. Si podemos compartir el miedo o la herida con la otra persona, es más fácil para esa persona escucharnos y entendernos que si sólo mostramos nuestro enojo. Así también, cuando alguien se acerca a nosotros enojado es más fácil soportarlo si tratamos de recordar que bajo ese áspero exterior hay algunos sentimientos frescos: frustración, heridas o temor. Si podemos tratar con *esos* sentimientos y disculparnos por haberlos de algún modo causado, la otra persona se sentirá comprendida y el enojo se escurrirá.

Oremos por el espíritu de Jesús, para que podamos aprender cómo entender y tratar con el enojo en formas más constructivas.

Buenas Nuevas: *El último día de la fiesta, que era el más solemne, Jesús, puesto en pie, exclamó con voz potente: "El que tenga sed, que venga a mí. Pues el que cree en mi tendrá de beber. Lo dice la Escritura: De él saldrán ríos de agua viva." Decía esto Jesús refiriéndose al Espíritu Santo que recibirían los que creyeran en Él. Todavía no se comunicaba el Espíritu, porque Jesús aún no había entrado a su gloria. (Jn 7:37-39)*

Acción Cristiana: Reflexiona en algunas ocasiones en que hayas estado enojado. (1) ¿Puedes distinguir entre el sentimiento de enojo que surge espontáneamente y el punto donde tus elecciones libres comienzan? (2) ¿Puedes nombrar los sentimientos que están bajo el enojo? (3) ¿Puedes recordar algunas veces que hayas usado constructivamente el enojo y hayas logrado una relación más cercana a través de eso?

SEMANA 3: MARTES

Resolviendo el enojo

Muchos de nosotros le tememos al enojo, al nuestro y al de otros, porque hemos visto su potencial para dañar. El enojo de hecho *puede* ser destructivo. Si se le da poder, puede ocasionar lesiones emocionales profundas, daño físico, o hasta el homicidio. ¿Hay formas más constructivas con las que nosotros como cristianos podamos resolver el enojo? He aquí algunas sugerencias:

1) *Expresa el enojo, no le des rienda suelta:* Esto significa simplemente decirlo: "Me siento enojada contigo porque llegaste tarde." Expresar es diferente que dar rienda suelta. Damos rienda suelta al enojo cuando golpeamos, aventamos cosas, desvariamos o nos encolerizamos. Damos rienda al enojo sutilmente cuando nos retiramos y castigamos con el

silencio. Dar rienda suelta al enojo no es constructivo, hablar si lo es. A veces necesitamos un período de enfriamiento antes de poder hablar sin dar rienda suelta al enojo.

2) *Liga tu enojo a un comportamiento externo concreto.* Evita generalizaciones imprecisas, por ejemplo: "Nunca me prestas atención" y el presuponer los motivos: "Dijiste eso para molestarme." Nunca podemos estar seguros de los motivos o sentimientos de la otra persona y esa persona resiente que tratemos de leer su mente. Cualquier cosa que suene como acusación le pondrá a la defensiva. Es mejor describir sólo las acciones externas observables que provocaron el enojo. "Realmente me molestó cómo te aislaste toda la noche cuando estuvimos con mi familia." Esto es un sentimiento ligado a un comportamiento. Es información para la otra persona. Ahora es el turno de que la otra persona hable.

3) *Asuman responsabilidad común por el enojo y resuélvanlo juntos de principio a fin.* Para hacer esto, se requiere un acuerdo previo. Estos cuatro puntos pueden ser la esencia de un acuerdo explícito entre dos amigos o cónyuges que desean manejar más constructivamente su enojo. El punto es que si estoy enojado contigo, no significa necesariamente que tú hayas hecho algo mal. El problema puede estar en mí: en mis expectativas irrazonables o en mi interpretación de lo que sucedió. Podría ser, por supuesto, una falla de tu parte. O podría ser una combinación de los dos. No lo sabremos hasta que lo hablemos profundamente. Hablar con apertura real a la verdad es difícil. Ambos debemos estar deseosos de escuchar y de ver el asunto desde el punto de vista del otro. Tal vez seamos llamados a cambiar nuestra actitud o comportamiento o ambos si el amor no se ha beneficiado con lo que estamos haciendo. Esto aclara el por qué todo conflicto entre personas es una preocupación central dentro de la espiritualidad cristiana. Con frecuencia es un llamado al crecimiento personal.

4) *No permitas que el enojo llegue al punto de ebullición.* Resuélvelo mientras es manejable. Cuando contenemos el enojo hasta que explota es difícil que lo manejemos constructivamente.

El enojo surge sin importar que no tengamos ni el tiempo ni la energía para superarlo cada vez que lo sintamos. Tenemos que decidir si vale la pena enojarnos. Esto depende de la importancia del asunto y de la importancia de la relación. Hay ciertas molestias en la vida que probablemente sería más sabio no tomar en cuenta.

Si nos damos cuenta de que frecuentemente estamos enojados, fácilmente irritables, y teniendo conversaciones desagradables en nuestra mente con muchas personas, necesitamos ver la causa en el fondo. Tal vez sea una profunda herida que hemos sufrido, algún recuerdo doloroso que continúa dañándonos y que necesita ser tratado directamente. También puede ser una señal de que no estamos cuidándonos bien: durmiendo suficiente, divirtiéndonos o supliendo nuestras necesidades afectivas. Tal vez también tengamos el mal hábito de alimentar rencores. Podemos enojarnos o mantener el enojo por las escenas que colocamos en nuestras mentes. Podemos continuar recordando algunos incidentes infelices, interpretándolos de nuevo de la peor manera, obteniendo más respuestas negativas de las que hubiéramos podido pensar en el momento que sucedió el incidente y así atizamos las flamas del enojo. O podemos elegir hacerlo a un lado y mirar hacia cosas más placenteras. Como cristianos, nos preocupa el hecho de estar enojados constantemente porque es imposible para una persona con un enojo crónico poder amar en verdad.

Una manera de poner fin al enojo con una persona que nos ha herido y hacia la que no podemos expresar ese enojo, ya sea porque la persona ha muerto, o porque es una persona que no escucharía, es escribirle una carta, una carta que no será enviada. En ella expresaremos todo el enojo que sentimos, sólo para sacarlo de nosotros. También podemos imaginar a la persona sentada en una silla vacía frente a nosotros y expresar todo nuestro coraje en voz alta. Habiendo sacado el enojo de alguna de estas dos maneras, lo dejaremos ir, entregándoselo a Dios y pidiendo la gracia para perdonar.

Buenas Nuevas: *Que el amor sea sincero, Aborrezcan el mal y procuren todo lo bueno. Que entre ustedes el amor fraterno sea verdadero cariño, y adelántense al otro en el respeto mutuo. Sean diligentes y no flojos. Sean fervorosos en el Espíritu y sirvan al Señor. Tengan esperanza y sean alegres. Sean pacientes en las pruebas y oren sin cesar.... No se tengan por sabios. No devuelvan a nadie mal por mal, y que todos puedan apreciar sus buenas disposiciones. Hagan lo posible por vivir en paz con todos....No te dejes vencer por el mal, más bien derrota al mal con el bien. (Rom 12:9-18, 21)*

Acción Cristiana: Cuando reces, trata de estar consciente de las formas en las que el enojo bloquea tu habilidad para amar en una relación importante. Luego utiliza los pasos anteriormente descritos para resolver completamente el enojo que sientes hacia esa persona.

SEMANA 3: MIÉRCOLES

La Alegría Cristiana

Normalmente el retiro es un tiempo de profunda alegría. ¿Pero qué hay de la vida diaria en el mundo? La Biblia dice que los cristianos deben ser alegres, pero, ¿cómo puede alguien estar alegre cuando la vida es tan difícil? Vivir es batallar con el trabajo, con las relaciones, con la sexualidad, con la soledad y con otros sentimientos dolorosos. Vivir es enfrentar desilusiones, frustraciones, errores, enfermedades, accidentes, pérdidas. La alegría en el mundo de hoy es más difícil. Las noticias diarias están llenas de historias de desastre, corrupción y sufrimiento humano masivo. ¿Cómo puede alguien consciente de todo esto estar alegre?

En contra de todo lo expresado, la alegría Cristiana es posible porque:

1) *Jesús revela a Dios como alguien amable y cariñoso*. Esto nos permite vivir en paz con nuestra propia culpa, errores e imperfecciones. Dios no nos juzga duramente ni es rápido para condenarnos. Dios es más bien como un amigo amable que nos da el tiempo y espacio que necesitamos para crecer, que es paciente y comprensivo, que no espera que lo hagamos bien la primera vez. Dios no nos ha rechazado aunque nosotros lo hayamos hecho.

2) *Sabemos que Dios dispone todas las cosas para bien de los que lo aman*. (Rom 8:28) Esta declaración de Pablo resume en su totalidad una teología de esperanza. Dios está pendiente de todas las cosas tratando de sacar algo bueno de ellas, aún de las tragedias que nos llegan, de nuestros pecados y de los pecados de otras personas. En la visión Cristiana nada es pérdida o desperdicio. Aún las peores experiencias traen bendiciones si vemos en el problema la intervención de Dios. La alegría cristiana está entonces basada en una confianza que la fe nos da "Dios da vida a los muertos y llama a lo que aún no existe como si ya existiera," (Rom 4:17) nos dice Pablo. La más grande revelación de esa actividad de Dios, poderosa aunque escondida, está en la trágica muerte de Jesús, la cual Dios transforma en salvación para Jesús y para todos los demás.

3) *Dios puede cuidar del mundo*. Dios ha cuidado del mundo desde mucho antes de que nosotros llegáramos y lo hará mucho después de que nos hayamos ido. Nuestra pre-ocupación por el mundo no deja nada bueno, ni podemos ninguno de nosotros con nuestros pobres poderes afectarlo de alguna manera. Hagamos lo que nos es posible, pero luego entreguémoslo a Dios y relajémonos. Entonces la alegría tendría un lugar donde empezar a crecer. Confiar en Dios es una condición esencial para la alegría. Hacerse como un niño pequeño es la clave para ello.

En resumen, si no nos tenemos que preocupar tanto de nuestros fracasos, si podemos confiar que aún en las peores experiencias Dios está pendiente de nosotros para sacar algo bueno de ellas y si podemos creer que Dios realmente se pre-ocupa y ama a toda la gente en el mundo, tal vez podamos sentir nuestro corazón aliviado. No necesariamente seremos por siempre felices, pero podemos estar en paz, aún tranquilamente alegres en lo más profundo de nosotros mismos. Si deseamos que nuestra alegría crezca, trataremos de vivir como Jesús lo hizo. "Les he dicho todas estas cosas para que mi alegría esté en ustedes y su alegría sea completa." (Jn 15:11)

Buenas Nuevas: "Les he hablado de estas cosas para que tengan paz en mí. Ustedes encontrarán la persecución en el mundo. Pero, ánimo, yo he vencido al mundo." (Jn 16:33)

"Vengan a mí los que van cansados, llevando pesadas cargas, y yo los aliviaré. Carguen con mi yugo y aprendan de mí, que soy paciente y humilde de corazón, y sus almas encontrarán descanso. Pues mi yugo es suave y mi carga liviana". (Mt 11:28-30)

Acción Cristiana: Reflexiona en las veces en que te has sentido infeliz y has perdido tu alegría. Normalmente, ¿cuál es la raíz del problema? Desarrolla el hábito de rezar la "Oración de la serenidad" de Reinhold Niebuhr:

"Señor, dame la serenidad para aceptar
las cosas que no puedo cambiar,
valor para cambiar las cosas que puedo
y sabiduría para poder diferenciarlas.

SEMANA 3: JUEVES

La Cruz de Jesús

Los cristianos algunas veces hablan del amor a la cruz como si fuera la pieza central de las enseñanzas de Jesús y el ideal cristiano más grande.

Lo cierto es que Jesús nunca enseñó el amor a la cruz. Él nunca dijo: "Las cosas más difíciles son las mejores," "Busquen el sufrimiento," o "Tengan cuidado con la alegría". En ningún lugar en los evangelios Jesús le dice al enfermo, al hambriento o a la persona sufriente: "Esto es bueno para ti," "Esta es la voluntad de Dios para ti," ó "Esta es una marca especial del amor de Dios hacia ti." Lo que Jesús hizo fue aliviar el sufrimiento humano e invitó a otros a que le ayudaran. Esto nos sugiere claramente que Él consideró el sufrimiento como un mal.

Sin embargo Jesús sí dijo: "El que quiera seguirme, que renuncie a sí mismo, tome su cruz y me siga." (Mc 8:34) ¿Qué significa esto? ¿Cuál es esa cruz que los seguidores de Jesús se supone deben tomar?

Analizando la declaración completa de Jesús, tomar la cruz es algo que nosotros *elegimos* hacer, no algo que nos sucede, y es una acción que hacemos en un contexto de seguir a Jesús. En los evangelios, *seguir a Jesús* significa estar con Él y hacer lo que Él hizo. ¿Qué hizo Jesús? Y ¿dónde encaja la cruz dentro de su vida?

Jesús se dio a sí mismo por los demás. Trabajó para que tuvieran una vida mejor. Tuvo una preocupación especial por los enfermos y los marginados de la sociedad y el unirse a su causa le causó conflicto con los ricos y poderosos. Se convirtió en una molestia para la gente que se beneficiaba del "sistema" y se deshicieron de Él. Lo mismo le ha sucedido a tanta gente, antes y después de Jesús. Lo que es notable de la vida de Jesús no es que buscó el sufrimiento, lo cual no hizo, sino que actuó totalmente impulsado por el amor. Él se negó a sí mismo (sus propios intereses) y buscó el bienestar de los demás. Esto tiene un alto costo, tanto en la labor misma como frecuentemente en las consecuencias de dicha labor. La cruz entonces, es el símbolo del amor de Jesús, de su deseo de dar su vida por los demás. Es tomar esa misma carga de darse a los demás y amarlos, a lo que Jesús llama a todos los que desean seguirlo. Ahora podemos entender claramente por qué tomar la cruz es una *elección* y que la hacemos en el contexto de *seguir a Jesús*.

Hay una gran variedad de sufrimientos que los cristianos y todo tipo de personas enfrentan en la vida como parte de la condición humana: enfermedad, fracaso, daños cometidos por otros, etc. El llamado de Jesús no es para que abracemos y amemos esas cosas, sino para que *luchemos en contra de* ellas como Él lo hizo en el nombre de Dios. Porque eso no es la voluntad de Dios. La pobreza no es la voluntad de Dios, el desempleo no es la voluntad de Dios y tampoco lo es el fracaso. Las lesiones que invalidan no son la voluntad de Dios y tampoco lo es la enfermedad. Las injusticias sociales que oprimen a la gente no son la voluntad de Dios, pero como muchos de los otros males mencionados aquí, son el resultado del pecado de la humanidad. Si tenemos una guerra nuclear, no digamos que es la voluntad de Dios, porque Dios muy claramente está en contra de todo lo que una guerra nuclear conlleva. El adagio "Todo sucede por una razón" lleva a conclusiones erróneas al sugerir que todo lo que sucede ha sido planeado por Dios. Una forma más adecuada de afirmar nuestra visión de fe es: "En todo lo que sucede, aún en las peores tragedias, Dios está trabajando con nosotros para sacar algún bien".

¿Entonces, cuál debe ser la actitud y respuesta cristiana ante los sufrimientos que hemos enumerado? Nuestra primera respuesta debe ser luchar en contra de ellos y vencerlos si es posible, porque no son buenos, sino malos. Nuestra segunda respuesta viene sólo después de la primera y es el aceptar lo que no podemos vencer y hacerlo con esperanza. Nuestra esperanza tiene sus raíces en que la bondad y poder de Dios, en quien confiamos, sacará algo bueno de la situación si en cierto modo estamos abiertos a ello.

Necesitamos de la esperanza porque vivimos con grandes sufrimientos aún haciendo nuestros mejores esfuerzos. Nos es de gran ayuda saber que Dios no nos castiga con estos sufrimientos, que de hecho, son exactamente lo opuesto a lo que Dios quiere para nosotros y que Él se lamenta y aflige con nosotros en nuestros sufrimientos como cualquier amigo lo haría. Es de gran consuelo saber que Dios está trabajando con nosotros en las profundidades escondidas de nuestro sufrimiento para ayudarnos a sacar algo bueno de ello.

¿Qué hay de bueno? Nuestra propia experiencia nos lo dice. Puede ser más evidente si vemos los sufrimientos pasados y no los presentes, porque podemos ver el pasado con más perspectiva. El sufrimiento nos hace pacientes y fuertes. Nos hace calmarnos. Nos enseña a tener compasión por el dolor y sufrimiento de otros y al hacerlo aumenta nuestra capacidad de amar. El sufrimiento profundiza nuestra fe y nuestra confianza en Dios. Nos da un profundo conocimiento de nosotros mismos. Nos hace humildes. Con frecuencia vemos que la gente que ha sufrido mucho tiene una gran variedad de cualidades humanas, más que aquellos que han tenido una vida más fácil. Pero esto no siempre es así. El sufrimiento también nos puede amargar y endurecer. Todo depende del espíritu con que lo vivamos.

Buenas Nuevas: *Jesús desenrolló el libro y encontró el pasaje donde estaba escrito:*

El Espíritu del Señor está sobre mí. Él me ha ungido para llevar buenas nuevas a los pobres, para anunciar la libertad a los cautivos y a los ciegos que pronto van a ver, para despedir libres a los oprimidos y proclamar el año de gracia del señor. (Is 61:1-2)

...Hoy les llegan noticias de cómo se cumplen estas palabras proféticas. (Lc 4:18-21)

Acción Cristiana: Pasa hoy un tiempo en oración reflexionando en el llamado que Jesús te hace: "Toma tu cruz y sígueme" ¿Qué te está pidiendo? Trata de obtener cuando menos una acción concreta.

SEMANA 3: VIERNES

El Perdón

Uno de los conflictos más fuertes que tenemos es el conflicto para perdonar. Cuando hemos sido profundamente heridos o sufrimos una dura pérdida por la acción desconsiderada o malvada de alguien más, encontramos que es difícil hacer a un lado el sentimiento y reconciliarnos con esa persona. Algunas veces es una acción particular que nos deja heridos y enojados. A veces es una acción que sigue un patrón. Para mucha gente es difícil perdonar a sus padres por la forma en que los criaron o a algún antiguo amigo o cónyuge por todo el dolor que él o ella causaron.

Sin embargo, el perdón es un tema principal en las enseñanzas de Jesús. El dice: "Sean compasivos como es compasivo el Padre de ustedes" (Lc 6:36). Y cuando Pedro le preguntó cuántas veces tenía que perdonar la misma ofensa, Jesús responde: "Setenta veces siete" (Mt 18:22) El ejemplo vivo del perdón de Jesús también sobresale, especialmente su perdón en la Cruz.

¿Cómo podemos manejar mejor esta parte difícil del amor? No hay manera de hacerlo fácilmente, pero tal vez las siguientes ideas puedan ayudar:

1) *Necesitamos pedir la ayuda de Dios.* Algunas veces perdonar parece imposible. Tenemos que pedir repetidamente a Dios que Él haga lo que nosotros no podemos por nosotros mismos, que tome nuestro corazón de piedra y nos de un corazón de carne.

2) *También nosotros somos pecadores.* Hemos herido a otras personas. Si podemos aceptarnos como personas que en algunas ocasiones somos egoístas, desconsiderados, aún malvados, atrapados en la condición humana con todos los demás, eso nos ayuda a aceptar también a otras persona con sus pecados.

3) *Ver a la persona que nos hirió en su propio contexto pone las cosas en una nueva perspectiva.* ¿Cuáles son sus antecedentes? ¿Qué estaba pasando en su vida cuando sucedió la ofensa? Normalmente, si podemos salirnos de nuestra situación e imaginarnos en los zapatos de la otra persona, podemos entender más fácilmente por qué actuó en la forma que lo hizo. Cuando entendemos, es más fácil perdonar. A menudo, llegamos a saber que lo que la gente nos hizo es algo que también les hicieron a ellos. Y que lo que no hicieron por nosotros es lo que nadie hizo por ellos. A veces también podemos ver que no fue la malicia lo que los motivó, sino la preocupación de los conflictos de sus propias vidas.

4) *El perdón es mucho más fácil si la otra persona pide disculpas.* Es más difícil cuando la otra persona parece no estar consciente de haber hecho algo mal. Algunas veces la única forma en que los otros verán y reconocerán su error será si nosotros vamos y se los decimos. Por supuesto, esto es difícil de hacer, pero a veces es crucial tener la capacidad de terminar el asunto y tener paz en la mente.

5) *El perdón no siempre es la respuesta adecuada.* Algunos patrones de comportamiento continúan y simplemente no son aceptables. Tomemos por ejemplo a una esposa golpeada. Una mujer tiene que insistir en un cambio en un caso como este o salirse de la situación. Aún en problemas menos graves, puede ser que sea más un asunto de hablar con el ofensor sobre el problema y pedir un cambio, que el hecho de llegar uno mismo a perdonar. Es sólo cuando una ofensa en verdad ha quedado atrás que se convierte en materia de perdón.

6) *"Perdona y olvida"* no es la mejor afirmación de nuestro objetivo. Normalmente no olvidamos lo que realmente nos hirió o nos costó mucho. Perdonar no significa olvidar, lo que significa es que dejamos ir la ofensa para no utilizarla más como una razón de distanciamiento, como un arma para usar en contra del otro cuando de nuevo se suscita una pelea, o como un pretexto para nuestro mal comportamiento. Las parejas de casados algunas veces guardan sus rencores y los usan de esa forma. El guardar rencores otorga una posición de

poder. Perdonar es un acto de desarme. Ponemos a un lado nuestra arma y nos hacemos otra vez vulnerables para el otro. Es un acto de verdadera confianza.

Un ejercicio de oración que puede ayudar cuando el perdón es difícil, es imaginar la escena en la cuál fuimos lastimados y luego imaginar a Jesús en la cruz perdonando a sus enemigos y movernos varias veces entre las dos escenas, pidiendo el espíritu perdonador de Jesús.

Buenas Nuevas: Al llegar al lugar llamado de la Calavera, lo crucificaron allí, y con Él a dos malhechores, uno a su derecha y el otro a su izquierda. Mientras tanto Jesús decía: "Padre, perdónalos, porque no saben lo que hacen." Después los soldados se repartieron sus ropas echándolas a suerte. (Lc 23:33-34)

Acción Cristiana: Con la ayuda de Dios trata de perdonar a alguien que te ha herido o lastimado. Si el asunto en una mala acción continua, habla del problema con la persona.

SEMANA 3: SÁBADO

Ser sexual

Uno de los aspectos más misteriosos y desafiantes de ser humano es el ser sexual. Desde la infancia hasta nuestros últimos años, cada uno de nosotros es siempre y en todo lugar un ser sexual, nos guste o no. Somos hombre o mujer, homosexual o heterosexual y dependiendo de esto, nuestra existencia es profundamente determinada de acuerdo a ello. Nuestra sexualidad no sólo es un hecho; es una energía, y como tal, con frecuencia está en nuestra conciencia pidiendo ser atendida. ¿Tiene nuestra fe cristiana algo que decir sobre esta faceta de la humanidad? Esperamos que sí, puesto que es una dimensión tan penetrante y dominante.

Lo que las iglesias cristianas han dicho en su mayor parte es: Tengan cuidado, hay muchas formas de equivocarse aquí. Mientras hay algo de verdad en esto, no parece que sea lo primero que se deba decir sobre la sexualidad. No es la primera y más grande verdad: ¡Bendito seas, Señor, Dios de toda la creación! ¡Bendito seas por la maravilla y belleza de nuestros órganos sexuales y por la profundidad y la alegría de nuestra experiencia sexual! ¡Qué grande eres, qué maravillosos tus designios! Gracias por darnos este enorme regalo. Porque si es "espiritual" contemplar las montañas o la puesta del sol con alabanza en nuestro corazón para el creador, con seguridad no es menos "espiritual" estar conscientes de las maravillas de nuestros cuerpos y de que lleguemos a unirnos en amor y sentirnos maravillados y agradecidos. ¿Acaso no nos conmueven las flores hermosas? Las flores son los órganos sexuales de las plantas.

Es normal ser sexuales. Es humano. No hay nada malo en tener fuertes intereses y fantasías sexuales. No está mal tener emociones sexuales. Si quisiéramos detener estos acontecimientos, no podríamos. Pertenecen a la manera en que fuimos hechos, así que mejor relajémonos y aceptémoslos. Ellos no tienen culpa. La cuestión moral es: ¿qué vamos a hacer con nuestra sexualidad?

¿Qué es toda esta energía sexual? ¿Para qué es? ¿Es parte de la experiencia de que somos incompletos o es acaso nuestra necesidad por los demás? Desde nuestras raíces somos seres sociales y nuestro comportamiento hacia los demás es parte de ese anhelo de plenitud a través de la cercanía. Es por eso que nuestros deseos sexuales con frecuencia son más fuertes cuando nos sentimos más solitarios. Estos sentimientos no nos están diciendo que necesitamos sexo, nos dicen que necesitamos relaciones cercanas con otras personas. Nuestro deseo hacia el sexo es una dimensión de nuestro deseo hacia el amor. Y nuestro deseo hacia otra persona es, a un nivel aun más profundo, nuestro deseo hacia Dios. El misterio del sexo y el misterio de Dios están íntimamente relacionados.

Es el amor lo que satisface, no el sexo. El amor es una necesidad más profunda. El sexo sin amor es placentero pero más bien vacío y normalmente nos deja sintiéndonos peor en lugar de mejor. Pero esto no significa que el componente sexual del amor humano no tenga importancia real. Somos seres físicos y necesitamos ser tocados y abrazados. Esto es verdad no sólo para los bebes, que mueren si no son tocados, sino también para los niños pequeños, los adolescentes, las personas maduras y las personas mayores. Todos necesitamos cercanía física y ser confortados por caricias, que no precisamente tienen que ser genitales.

Un terapeuta en una ocasión mencionó que necesitamos cuatro abrazos al día para sobrevivir, ocho para mantenimiento básico y doce para tener crecimiento. Una amiga mía me dijo que como no había nadie significativo en su vida en ese momento, ella acudía con regularidad a recibir un masaje. Sabía de su necesidad de contacto físico y en una apropiada expresión de amor para si misma se dio esto como un regalo. Un hombre que yo conozco y vive solo, solía afligirse algunas veces durante la noche con ataques de ansiedad. Se levantaba temblando y no podía volverse a dormir. Se dio cuenta que tenía los ataques cuando se sentía distante de los demás. Empezó a pedir que lo abrazarán en el trabajo los días que él sentía esa distancia. Nadie lo rechazó. De hecho, todos parecían apreciar los abrazos tanto como él lo hacía. Sus ataques de ansiedad desaparecieron.

Desde la perspectiva cristiana, el objeto en la vida es aprender a amar. Parte de la tarea es integrar esa fuerza relacional que llamamos sexualidad a un verdadero cuidado de nosotros mismos y de los demás. No es una tarea fácil, porque nuestra sexualidad se presenta a si misma como una energía sin descanso, poderosa, díscola, caprichosa, explosiva. Sin un control puede lastimar a las personas. Necesita ser domada, humanizada, integrada a nuestra personalidad. Esto es un trabajo de años.

Mientras luchamos con esto, como todos los demás lo hacen, es consolador recordar que Dios nos comprende y apoya. Dios no se centraría solamente en nuestro comportamiento sexual, llevando cuenta de nuestros errores, esperando para castigarnos. Dios está básicamente más interesado en nuestra forma de amar, en la calidad de nuestra forma de relacionarnos con las personas que vienen y van en nuestra vida. En cuanto a la integración gradual de la sexualidad dentro del amor, Dios nos observa, como lo haría un juicioso y querido amigo, tanto con interés como con paciencia. Dios entiende plenamente que aprendemos las cosas más difíciles poco a poco, ensayando y fallando. Seguramente Dios perdona nuestros errores en esta área, siempre y cuando enmendemos lo que haya causado daño a alguien y nos mantengamos tratando de amar auténtica y responsablemente.

Buenas Nuevas:
> *Pues eres tú quien formó mis riñones,*
> *quien me tejió en el seno de mi madre.*
> *Te doy gracias por tantas maravillas,*
> *admirables son tus obras. (Sal 139)*

Acción Cristiana: Contempla hoy el maravilloso don de tu sexualidad y alaba y agradece a Dios por ese don.

SEMANA 3: DOMINGO

La Eucaristía

Una parte importante de cualquier retiro es la experiencia de participar en la eucaristía diariamente. Probablemente saliste del retiro con un renovado sentido de la riqueza de la eucaristía y un deseo de asistir con más frecuencia. Tal vez también deseaste entender mejor la eucaristía para poder participar más plenamente y ver las líneas de relación entre este ritual y el resto de tu vida. Algunas de las reflexiones siguientes pueden ser útiles.

Jesús resucitado está realmente presente en la Eucaristía de diversas maneras: Él está presente en la forma en que se encarna en cada persona que está ahí. Está presente en las palabras de las escrituras, por las cuales nos habla. Está presente en la conmemoración simbólica de su muerte y resurrección. Está presente en la oración y adoración de la gente de la comunidad, todos miembros de su cuerpo, y está presente como alimento y bebida para nosotros. Por medio de nuestro encuentro eucarístico con Él, su presencia en nosotros es fortalecida para poderlo encarnar más plenamente en nuestras vidas en el mundo. En base a esto podemos comprender qué oportunidad tan grande es la eucaristía:

1) *Es una oportunidad de escuchar y meditar en la palabra de Dios.* Por lo menos dos lecturas de las escrituras se proclaman en cada eucaristía, con la lectura de un salmo entre las dos. Esta es una oportunidad de escuchar la palabra viva de Dios y tomarla como semilla o pan, para que nuestra vida pueda ser influenciada más por ella.

2) *Es una oportunidad para participar en el misterio pascual, el cual ilumina nuestra existencia.* En cada eucaristía hay una conmemoración simbólica de la muerte y resurrección de Jesús. Nosotros recordamos y meditamos en el acto de darse a sí mismo, su entrega confiada al sufrimiento y muerte como resultado de su ministerio, y la transformación de su muerte en vida nueva por el poder de Dios. Este misterio de la vida surgiendo de la muerte es la clave para entender nuestra propia existencia, en la cual nosotros también estamos involucrados en varios tipos de muerte: por pérdida, sufrimiento, trabajo y crecimiento y en la transformación de nuestra muerte a una vida nueva por el poder de Dios. En la eucaristía unimos nuestro sufrimiento y muerte a los de Jesús en el mismo espíritu de confianza en Dios.

3) *Es una oportunidad de ser parte del cuerpo de Jesús en la adoración.* Todos los que pertenecemos a Jesús por la fe y el bautismo somos parte de su cuerpo. En la eucaristía, el cuerpo de Jesús se reúne para la adoración. Nos vemos y saludamos unos a otros, cantamos y rezamos juntos. Al experimentar el

apoyo que nos damos unos a otros al rezar y dar ejemplo como cristianos, nos damos cuenta de que ninguno de nosotros estamos solos en nuestros conflictos al seguir a Jesús. En la diversidad de nuestras personalidades y circunstancias de vida, somos uno en el amor de Jesús y estamos unidos con Él en su adoración a Dios. Todos unidos, nuevamente somos enviados al mundo.

4) *Es una oportunidad de profundizar nuestra amistad con Jesucristo.* En la eucaristía Jesús nos alimenta personalmente con su propio cuerpo. Su acción nos remota a las escenas de su ministerio público donde alimentó a multitudes con pan y pescado después de haberles enseñado la palabra de Dios. Aquí esta Él mismo, resucitado, dándose bajo los símbolos de pan y vino de nuevo, después de habernos enseñado la palabra de Dios en la lectura de las escrituras y la homilía. Hay una comunión real de persona a persona con Él en el santuario de nuestro propio corazón. Esta comunión profundiza nuestra amistad con Él.

"El que come mi carne y bebe mi sangre, vive de vida eterna, y yo le resucitaré el último día. Mi carne es verdadera comida y mi sangre verdadera bebida. El que come mi carne y bebe mi sangre permanece en mí y yo en él. (Jn 6:54-56)

Por todas estas razones, la eucaristía ha sido siempre el ritual principal de la comunidad cristiana. Conserva la visión y el enfoque cristiano vivos en nuestras mentes y corazones. Mantiene a la comunidad unida y fortalece el lazo de amistad con Jesucristo como el centro y fuerza motivadora de nuestras vidas.

No podemos terminar sin admitir que la eucaristía, como actualmente la experimentamos, no siempre es lo que debería ser y que a veces nos deja sintiéndonos decepcionados. ¿Qué podemos hacer cuando no nos sentimos satisfechos con la liturgia de nuestra parroquia? Podemos tratar de hacer cambios ofreciendo nuestras sugerencias al párroco o integrándonos al comité de liturgia y trabajando para tener un mejor culto. Podemos buscar una eucaristía que llene nuestras necesidades y deseos o podemos continuar con nuestra liturgia y comunidad actuales con todas sus imperfecciones. Si lo hacemos así, probablemente lo haremos estando conscientes de que no hay nada perfecto y que esta congregación completa, por muy desordenada que sea, es amada por Dios.

Buenas Nuevas: *Al llegar cerca del pueblo al que iban, hizo como que quisiera seguir adelante, pero ellos le insistieron diciendo: "Quédate con nosotros, ya está cayendo la tarde y se termina el día." Entró pues, para quedarse con ellos. Y mientras estaba en la mesa con ellos, tomó el pan, pronunció la bendición, lo partió y se los dio. En ese momento se les abrieron los ojos y lo reconocieron, pero Él desapareció. Entonces se dijeron el uno al otro: "¿No sentíamos arder nuestro corazón cuando nos hablaba en el camino y nos explicaba la Escritura? De inmediato se levantaron y volvieron a Jerusalén, donde encontraron reunidos a los once y a los de su grupo. Estos les dijeron: "Es verdad: el Señor ha resucitado y se ha aparecido a Simón." Ellos, por su parte, contaron lo sucedido en el camino y cómo lo habían reconocido al partir el pan. (Lc 24:28-35)*

Acción Cristiana: Concéntrate en cualquiera de las cuatro dimensiones de la eucaristía que se elaboraron aquí. Utiliza esa dimensión como una manera de participar más significativamente en la eucaristía de hoy.

SEMANA 4: LUNES

Apreciando tu propia vida

Una mujer casada vino en busca de consejo. Ella se lamentaba mucho. Tenía varios hijos y éstos eran flojos y dejaban las cosas tiradas por toda la casa. Los hijos también eran gritones y no había tranquilidad hasta que todos se iban. Su esposo era tan descuidado como los hijos, olvidadizo, y además torpe. Rompía cosas. La mujer se sentía un fracaso total como mamá y odiaba la fiesta del día de las madres más que cualquier otra. Comentó que muchas veces se descubrió a si misma viendo anhelante hacia el patio trasero de la casa de una mujer que era su vecina y que vivía sola. Que maravilloso debe ser, ella pensaba, tener un lugar sólo para mí, un lugar tranquilo y limpio, un lugar donde no haya que lavar más ropa que la mía.

Al mismo tiempo que daba consejo a esta mujer, otra mujer también venía por consejo. Ella nunca se había casado y ese era el gran sufrimiento en su vida. Su sueño hubiera sido tener una familia, sin embargo, su momento de tener bebés se estaba pasando rápidamente y no había un hombre en su vida. Todo lo demás que hacía en la vida le parecía no tener sentido. Un día me contó de la familia que vivía junto a ella. Tanto el hombre como la mujer eran personas cálidas y maravillosas y tenían tres hermosos hijos. Lo que hacía su sufrimiento más grande era estar viviendo justo al lado de todo lo que había soñado y que por alguna razón nunca pudo tener. Impresionado por las historias y por las coincidencias, busqué los domicilios de las dos mujeres. En efecto, ellas eran vecinas.

La tentación, arraigada en la naturaleza humana, especialmente en algunos de nosotros, es de compararnos con otros y salir perdiendo. Algunas otras personas parecen tenerlo todo; nosotros no tenemos nada. Lo interesante de estas comparaciones es la forma en que las hacemos. Sumamos las posesiones de las otras personas, luego sumamos nuestro déficit y entonces comparamos. En áreas en donde estamos bien, no hacemos comparaciones. Simplemente no apreciamos todo lo que tenemos de bueno en nuestras vidas y centramos totalmente nuestra atención en lo que no tenemos. Entonces solos nos hacemos pedazos.

Si las otras personas supieran cómo idealizamos sus vidas, sin duda alguna eso los haría reír. Ellos tienen su propio conjunto de problemas. En el fondo de este juego loco está la dificultad que tenemos de amarnos y aceptar la vida como es. Es posible que pasemos años en la tierra de la fantasía del Nunca Jamás. Mientras tanto en nuestra ausencia, en nuestra verdadera tierra crecen más y más hierbas por la negligencia.

El poeta Edwin Arlington Robinson le dio al problema expresión inmortal a inicios del siglo:

Cada vez que Richard Cory iba al centro de la ciudad,
nosotros, las gentes de la acera lo mirábamos:
Él era un caballero de los pies a la cabeza,
impecablemente limpio e increíblemente esbelto.
Siempre estaba elegantemente ataviado,
y era siempre cortés cuando hablaba;
pero aún así hacía latir corazones cuando decía:
"Buenos días", y se lucía al caminar.
Y era rico. Sí, más rico que un rey.
Y admirablemente educado en toda gracia:
en pocas palabras, pensábamos que él lo tenía todo
para que deseáramos estar en su lugar.
Continuamos trabajando, esperando ver la luz,
no teníamos carne y maldecíamos el pan;
y Richard Cory, una noche tranquila de verano
se fue a casa y disparó una bala que atravesó su cabeza.

La raíz del problema de la envidia es pensar negativamente acerca de nosotros y de nuestras vidas. Se nos olvida que "Dios vio que todo cuanto había hecho era muy bueno." (Gen 1) Actuamos como si en nuestro caso, Dios hubiera hecho baratijas.

¿Como podemos sanar? Le pedimos a Dios que nos sane y luego hacemos nuestra parte. Cuando nos damos cuenta de que estamos cayendo en un patrón de pensamientos negativos, los detenemos cada vez que los experimentamos. Sustituimos los pensamientos negativos con pensamientos positivos, diciéndonos a nosotros mismos varias veces al día: "Soy bueno, merezco ser amado. Mi vida vale la pena. Puedo ser tan feliz como cualquiera" y dejamos de idealizar las vidas de otras personas.

Dios nos ha dado a cada uno lo que necesitamos para ser lo que debemos ser y hacer. Nuestra vida es un don en sí, un reto y una oportunidad. Es la única que tendremos. El problema no son las cartas que hemos recibido en nuestro juego. Es nuestra actitud.

Buenas Nuevas: *"Ya no los llamo servidores, porque un servidor no sabe lo que hace su patrón. Los llamo amigos, porque les he dado a conocer todo lo que aprendí de mi Padre. Ustedes no me eligieron a mí; he sido yo quien los eligió a ustedes y los preparé para que vayan y den fruto, y ese fruto permanezca. Así es como el Padre les concederá todo lo que le pidan en mi Nombre. Ámense los unos a los otros: esto es lo que les mando." (Jn 15:15-17)*

Acción Cristiana: Pasa un tiempo hoy en oración contemplando las cosas buenas acerca de ti y de tu vida. Utiliza estos pensamientos positivos como base de una oración de acción de gracias.

SEMANA 4: MARTES

Orando con las Sagradas Escrituras

Hoy en día mucha gente está aprendiendo a orar con las escrituras y han encontrado que es muy fructífero. Los comentarios que siguen tal vez sólo confirmen lo que tú ya estás haciendo, o tal vez te abran un camino completamente nuevo hacia Dios.

La clave para orar con las escrituras es usar la imaginación. Toma un incidente de la vida de Jesús, por ejemplo: la curación del leproso. Imagina que estás en esa escena, y que está sucediendo ahora mismo. Tú puedes ser el leproso, o Jesús, o algún observador testigo de la interacción. Si eres el leproso, puedes pedirle a Jesús que te limpie y entonces sentir que te toca y a su poder sanador moviéndose a través de ti. Si eres Jesús, siente que alguien que no se siente limpio se te acerca buscando algún tipo de alivio ¿Cómo reaccionarías con esta persona? Si eres un observador, podrías ver cómo Jesús trata al leproso y tal vez pudieras tener una plática después con la persona que ha sanado, o con Jesús, o con ambos. Tal vez discutas, entre otras cosas, quién es el leproso en la sociedad de hoy.

Las escrituras están escritas de la manera en que están escritas precisamente para este propósito, para que puedas entrar en las escenas y tener un encuentro con Dios y/o con Jesús. Porque ellos viven, hablan y actúan hoy en la forma en que las escrituras lo describen.

Las enseñanzas de Jesús pueden ser usadas para orar en una manera similar. Una forma de hacerlo es simplemente leer lenta y reflexivamente algunas de esas enseñanzas en la presencia de Dios, dejando que se filtren en tu alma. No uses tanto la imaginación y cubras más material de lo que harías cuando tratas de imaginar cada detalle. Pero estás sin prisas. Si lo deseas, puedes usar tu imaginación en la enseñanza. Puedes visualizar a Jesús enseñando, el escenario, los diferentes tipos de personas que están ahí, cómo Jesús los mira, se mueve y habla cuando enseña, cómo las diferentes clases de personas reaccionan a lo que Él dice. Puedes ser parte de la audiencia e Jesús, y hablar de sus enseñanzas con la gente o llevar a Jesús a un lado y discutirlas con él.

No importa el pasaje de la escrituras con el que estés orando, detente donde encuentres algo que te llegue, que te toque. Esto es importante. No presiones tratando de cubrir la totalidad del texto o tomando muchas ideas o muchas imágenes. Lo que realmente nutre tu relación con Dios es profundo, no amplio; es realmente asimilar algo, no solamente familiarizarse con muchas cosas. Cuando una imagen particular o una línea, o aun una sola palabra llame tu atención y te emocione, ese es el lugar donde debes reposar, aunque pases todo el tiempo de tu oración ahí. De hecho, si cuando comienzas a orar, de inmediato te encuentras en comunión con Dios, quédate ahí y deja el texto de la escritura.

Las personas que oran con las escrituras a veces se preocupan de que tal vez no estén entendiendo lo que el texto realmente significa, sino que sólo están pensando en sus propios pensamientos. ¿Hay alguna manera se saber que lo estás haciendo correctamente? En realidad, hay muchas dimensiones del significado de un pasaje de las escrituras, no sólo una. Las parábolas, enseñanzas e incidentes de la vida de Jesús, tienen diferentes significados para gente diferente en diferentes situaciones de la vida. Probablemente hayas experimentado esto si has discutido un texto dado en un grupo. Si estás preocupado porque tal vez te estés "saliendo del meollo del asunto" en tus interpretaciones, la forma más segura es leer las escrituras con otros cristianos, en el consenso de la iglesia. Cuando la gente trabaja unida, pueden alcanzar un equilibrio.

Hemos visto incidentes de la vida de Jesús y sus enseñanzas como material para la oración. Sus parábolas pueden ser también utilizadas imaginativamente para la oración. Toma por ejemplo la parábola del Buen Samaritano. Te puedes imaginar a ti mismo como la persona asaltada y herida que yace en el pavimento y experimentar el ser auxiliado por alguien que pasa y que no te debe absolutamente nada. ¿Cómo lo recibirías? Puedes ser el Buen Samaritano, imagínate asistiendo a un completo desconocido que se encuentra en momentos difíciles. Puedes ser el sacerdote que pasa por ahí. ¿Con qué estás tan ocupado o de qué estás tan temeroso? Lo que les da a las parábolas poder, es el poder entrar en ellas y experimentarlas desde adentro, no estando fuera de ellas diciendo: "ya veo el punto." Algunas de las parábolas te proponen ser algo diferente a una persona. Puedes imaginarte, por ejemplo, que eres la semilla entrando en la tierra húmeda y oscura y luego poco a poco abriéndote y empezando a crecer como algo nuevo. ¿Cómo te sentiste? ¿Estás dispuesto a pasar por esa transformación?

A partir de esta discusión sobre las formas de orar con las escrituras, tal vez haya llegado a ti un pensamiento fresco. Tal vez muchas de las experiencias ordinarias de tu vida son como parábolas con lecciones. Dormir y caminar, estar enfermos y estar bien, lavarte las manos, tener discusiones y reconciliarte, comer, hacer el amor; tal vez también estas sean parábolas de las que haya que ocuparse porque revelan algo del misterio de Dios.

Buenas Nuevas: *Jesús les dijo también: "¿A quién se parece el Reino de Dios? ¿Con qué comparación lo podríamos expresar? Es semejante a una semilla de mostaza; al sembrarla, es la más pequeña de todas las semillas que se echan en la tierra, pero una vez sembrada, crece y se hace más grande que todas las plantas del huerto y sus ramas se hacen tan grandes que los pájaros del cielo buscan refugio bajo su sombra." Jesús usaba muchas parábolas como estas para anunciar la Palabra, adaptándose a la capacidad de la gente. No les decía nada sin usar parábolas, pero a sus discípulos se lo explicaba todo en privado. (Mc 4:30-34)*

Acción Cristiana: *Toma tu parábola o incidente favorito de la vida de Jesús y haz oración con eso hoy.*

SEMANA 4: MIÉRCOLES

¿Cómo pudo Dios permitir esto?

Una mujer en sus treintas que había sido abusada sexualmente por su padre durante un año en los inicios de su adolescencia, tuvo una conversación con Dios.

Jean: Señor, es tan difícil para mí hablar de esto aun contigo. He tratado de enterrarlo durante todos estos años, pero continúa carcomiéndome por dentro. Creo que siempre he sentido que soy mala porque aquello sucedió. Continuó sucediendo por todo un año. Siento que fue mi culpa.

Dios: Jean, me hace feliz que quieras hablar acerca de esto, y que estés hablando con alguien. Yo también quiero hablar contigo. Siento tanto que te haya sucedido, me afligió mucho en ese tiempo y aún me mortifica. Cosas como estas me hacen entristecer de verdad.

Jean: No tenía idea de que te hubieras entristecido. No sabía que te importaba. Creo que esa es una razón por la cual no he rezado mucho. Pero, si te preocupas como dices que lo haces, ¿por qué permitiste que eso sucediera?

Dios: Hice todo lo que pude para evitarlo. De hecho, siempre estoy tratando de prevenir que cosas como esas sucedan. Hablé al corazón de tu padre muchas veces, pero él no deseaba escucharme. Cuando eso sucedió, no había mucho que yo pudiera hacer. Tú tienes hijos Jean, ¿no es verdad? Tú sabes cómo es cuando quieres que ellos hagan lo bueno y no lo hacen. No tienes poder, ¿cierto? Ellos son libres.

Jean: Pero, Dios, tu eres más poderoso que yo. Seguramente había algo que pudieras haber hecho.

Dios: Sé que la gente dice que soy todopoderoso. Pero realmente no lo soy. Cuando decidí crear, acepté un gran riesgo. Tomé la decisión de crear un mundo realmente separado de mí, y por lo tanto genuinamente libre. Puede ir mal de muchas maneras y lo hace. De hecho, como tú sabes, ustedes las personas tienen ahora el poder de destruirse unos a otro y al mundo entero completamente. Trato de involucrarme en sus vidas en todas las maneras posibles: invitándolos, persuadiéndolos, convenciéndolos de ir hacia el bien. Esto es todo lo que puedo hacer. Envío a Jesús y a otros hombres y mujeres santos como maestros y ejemplos vivientes.

Jean: Eres diferente de como pensé que eras. Creo que lo estoy empezando a ver desde tu punto de vista. Pero, Dios, ¿qué puedo hacer con este terrible sentimiento que tengo sobre mí? Me siento sucia, mala. Muchas veces he pensado qué hubiera podido yo hacer para prevenir que eso sucediera.

Dios: No fue tu culpa Jean. Me gustaría que verdaderamente me creyeras cuando te lo digo. Nunca es la culpa de un niño. Siempre es culpa del adulto. Es fácil para una mujer de tu edad pensar qué cosas pudo haber hecho en ese entonces. A los trece años, no piensas en esas cosas. Estabas aterrada, él te dijo que no lo contaras. Tú estabas muy necesitada emocionalmente en ese momento y él se aprovechó de eso. Me apenas profundamente. No fue tu culpa en lo más mínimo.

Jean: Me ayuda oírte decir esto. Quisiera poder deshacerme de este terrible sentimiento que tengo dentro de mí. Lo he tenido todos estos años. ¿Se irá en algún momento?

Dios: Disminuirá gradualmente ahora que has empezado a compartirlo con otros. Ellos te dirán lo que yo te estoy diciendo: no eres lo que pensaste que eras. Eres buena y hermosa, y yo te amo. Tu bondad y belleza son mucho más grandes y profundas que el abuso sexual del que estamos hablando. Mucho más grandes, mucho más profundas.

Jean: Trataré de creerlo.

Dios: Sí. Jean, es verdad. ¿Sabes? Realmente hay maldad en el mundo, y tú estás muy consciente de ello porque te sucedió a ti. Pero, Jean, mírate a ti misma. ¿Cómo es que te convertiste en tan buena persona, alguien que ama en verdad, dice la verdad y ayuda a otros? El mundo no puede ser sólo maldad. Debe haber otro misterio trabajando en esto también, un misterio de bondad, una energía que edifica y ayuda a crecer. Ese misterio de bondad soy yo, silenciosamente trabajando en el fondo de las cosas. Tengo una visión y tengo esperanza. Y no me daré por vencido con el mundo que estoy creando. ¿Me ayudarás?

Jean: Por supuesto que trataré. Me siento mejor ahora. Gracias.

Buenas Nuevas: Queridos míos, amémonos unos a otros, porque el amor viene de Dios. Todo el que ama ha nacido de Dios y conoce a Dios. El que no ama no ha conocido a Dios, pues Dios es amor. Miren cómo se manifestó el amor de Dios entre nosotros: Dios envió a su Hijo único a este mundo para que tengamos vida por medio de Él. En esto está el amor: no es que nosotros hayamos amado a Dios, sino que Él nos amó primero y envió a su Hijo como víctima por nuestros pecados. Queridos, si Dios nos amó de esta manera, también nosotros debemos amarnos mutuamente. A Dios no lo ha visto nadie jamás; pero si nos amamos unos a otros, Dios está entre nosotros y su amor da todos sus frutos entre nosotros. Y ¿cómo sabemos que permanecemos en Dios y Él en nosotros? Porque nos lo ha comunicado su Espíritu. Pero también lo hemos visto nosotros y declaramos que el Padre envió a su Hijo como Salvador del mundo. Quien reconozca que Jesús es el Hijo de Dios, Dios permanece en él y él en Dios. Por nuestra parte, hemos conocido el amor que Dios nos tiene, y hemos creído en Él. Dios es amor: el que permanece en el amor permanece en Dios y Dios en Él. Cuando el amor alcanza en nosotros su perfección, miramos con confianza al día del juicio, porque ya somos en este mundo como es Él. En el amor no hay temor. El amor perfecto echa fuera el temor, pues hay temor donde hay castigo. Quien teme no conoce el amor perfecto. Amemos, pues, ya que Él nos amó primero. Si uno dice "Yo amo a Dios", y odia a su hermano, es un mentiroso. Si no ama a su hermano, a quien ve, no puede amar a Dios, a quien no ve. Pues éste es el mandamiento que recibimos de Él: el que ama a Dios, ama también a su hermano. (1 Jn 4:7-21)

Acción Cristiana: Toma un tiempo hoy para hablar con Dios acerca de un área en tu vida donde te preguntes: "¿Cómo pudo dejar Dios que sucediera esto?" Si necesitas ayuda para hacerlo, habla con un amigo o con un consejero.

SEMANA 4: JUEVES

Destruido por tu propia bondad

Una mujer bastante perturbada llegó a verme buscando dirección espiritual. Ella era una consejera que pasaba gran parte de su tiempo libre trabajando por causas de justicia y paz. Ella y su esposo estaban conscientes de la difícil situación de los pobres y oprimidos en el mundo y de cómo el estándar de vida americano contribuía a esa miseria. Lo que en ese momento le provocaba confusión interna eran sus planes de viajar y pasar dos semanas de vacaciones donde su familia y amigos vivían. ¿Cómo podrían justificar esos gastos habiendo tanto sufrimiento en el mundo? Seguía dando vueltas al asunto en su mente cada día, aumentando la confusión, el desorden y la depresión. Me contó su historia llorando, pensando que su problema no tenía solución.

En *Los Ejercicios Espirituales* de San Ignacio de Loyola, un libro que ha servido como plan maestro para retiros desde que fue escrito, hace ya más de cuatrocientos años, se menciona un principio muy importante para tratar con los problemas de este tipo. San Ignacio lo descubrió en los años inmediatos a su propia conversión, cuando buscaba seriamente hacer la voluntad de Dios en todo lo que hacía. Ese principio es que mientras la gente malvada es tentada por lo que es moralmente malo, la gente buena es más fácilmente tentada por lo que parece moralmente bueno. La manera en que el espíritu maligno trabaja con la gente buena es destruyéndola con su propia bondad, puesto que las tentaciones al mal no les interesan. Así, el espíritu maligno se enmascara como un espíritu bueno e invita a tales personas a hacer algo que parece bueno:

ser más humilde, más generoso, más auto-sacrificado, empujándolos hasta un extremo en que se sienten deprimidos, agotados o mentalmente enfermos.

La mujer arriba descrita es evidentemente una buena mujer, muy preocupada por otras personas y deseosa de hacer todo lo que es correcto. ¿Pero qué sucedería si decide no tomar las vacaciones este año, el próximo o los siguientes cinco años? ¿Qué sucedería si cada vez que quiere comprar un artículo o ropa para ella, salir a cenar, o ver una película, dice que no pensando en el interés de los pobres? ¿Cuánto tiempo será capaz de hacer el bien que hace siendo consejera y realizando sus trabajos en nombre de la paz y la justicia?

En su propia lucha en asuntos de este tipo, San Ignacio se dio cuenta de una evidente señal de la diferencia entre la influencia del espíritu del mal y el espíritu bueno dentro de la gente buena. La diferencia está precisamente en el sentimiento. El espíritu maligno, con sus supuestas ideas buenas y piadosas, produce sentimientos de preocupación, tristeza, confusión y desconcierto. El espíritu bueno produce paz y alegría aun cuando nos motiva a hacer algo difícil. La mujer arriba mencionada está obviamente desconcertada, confundida y con dolor, un signo claro de que no es el espíritu bueno el que está sugiriéndole dejar sus vacaciones.

Se puede observar el mismo patrón de tentación actuando en las vidas de madres que se dedican generosamente al servicio de esposo e hijos y que consideran que es un error pedir algo para ellas. También se ve en personas que asisten a un retiro y que oran o ayunan excesivamente y no pueden continuar tranquilamente el retiro. Atrapa a gente buena que en su deseo de complacer a Dios se vuelve neuróticamente escrupulosa y tiene siempre sentimientos de culpabilidad. Engaña a la gente religiosa que en su mismo celo religioso terminan condenando o aún oprimiendo a aquellos que no creen en la misma forma que ellos.

En todos estos casos, el curso de acción bajo consideración parece bueno. Los dos criterios que indican que no es realmente bueno son el desconcierto y confusión que lo acompañan, y el resultado destructivo al que pronto se llega.

Buenas Nuevas: *En cambio, el fruto del Espíritu es caridad, alegría, paz, comprensión de los demás, generosidad, bondad, fidelidad, mansedumbre y dominio de sí mismo. (Ga 5:22)*

Acción Cristiana: Recuerda alguna vez que hayas sido engañado, o casi engañado, por esta clase de tentación sutil enmascarada como un impulso de Dios. Ahora recuerda los sentimientos de paz y alegría en una ocasión diferente cuando Dios fue claro contigo. Contrasta los sentimientos; nota también los diferentes tipos de resultado que siguieron de la acción que tomaste bajo cada impulso.

SEMANA 4: VIERNES

Lamentando tus pérdidas

Los pensamientos durante un retiro normalmente no son pensamientos tristes. Sin embargo, al poco tiempo de regresar a nuestra vida ordinaria, nuestros sentimientos de tristeza también regresan porque la vida en sí tiene una buena dotación de tristeza. Cuando un ser querido muere, sufrimos y nos lamentamos. Cuando una relación significativa termina, sufrimos y nos lamentamos. El sufrimiento y el lamento son nuestra reacción a cualquier pérdida significativa. Nos lamentamos cuando perdemos un trabajo, cuando nos roban algo, cuando nos mudamos. El lamento llega cuando perdemos la salud o vigor. No es sólo el perder lo que teníamos lo que nos afecta de esta manera; nos lamentamos por lo que pudo haber sido y nunca será, porque esto también es una pérdida dolorosa.

Reflexionemos un poco en el proceso del sufrimiento y el lamento, y luego veamos cómo una perspectiva de fe cristiana nos puede ayudar a salir adelante más airosos.

En el transcurso de nuestro lamento, nos llegan diferentes emociones. Incredulidad es una de ellas, ira es otra. Una tercera es culpabilidad, porque sentimos que de alguna manera debimos haber sido capaces de evitar lo que pasó. Miedo es otra, aún terror, porque vemos el futuro prescindiendo de lo que se había hecho tan importante para nosotros. Y sobre todo, hay una profunda tristeza que nos tiene al borde de las lágrimas. Estas emociones se arremolinan una alrededor de la otra, predominando a veces una y otras veces otras. Todas son dolorosas y a menudo parece que nunca terminarán.

Pero el lamento llega a su fin si lo enfrentamos y trabajamos con él. Esa es la maravilla. La mente trabaja para sanarse a si misma. Tiene maravillosos poderes restauradores, de la misma manera que los tiene el cuerpo. Si resistimos la tentación de tratar de empujar todo nuestro dolor fuera de nuestra conciencia y sólo dejamos que esas emociones se arremolinen, las aceptamos, las compartimos con un amigo de confianza o consejero y con Dios, y las vivimos completamente, poco a poco llegaremos al otro lado. Durante este tiempo, necesitamos ser especialmente pacientes con nosotros mismos, exigiéndonos menos de lo habitual. Simplemente no podemos seguir nuestra rutina normal; estamos bastante frágiles. Tal vez nos tome un año o más cerrar nuestro duelo o lamento, particularmente cuando una persona muy querida nos ha dejado o ha muerto. Pero eventualmente podremos llegar a la aceptación. La aceptación no significa que nunca más pensaremos en lo que perdimos, o que no le extrañaremos (aun con lágrimas); es sólo que nuestra existencia ya no estará dominada por el lamento. Avanzamos y empezamos a reconectarnos con las corrientes de la vida.

¿Qué luz puede la fe Cristiana irradiar en este proceso de duelo o lamento por el cual pasamos una y otra vez mientras vivimos? Es parte de la muerte y resurrección de Jesús. Toda nuestra vida es morir y morir es dejar ir. Pero siempre nos levantamos a una vida nueva. Al final tendremos que dejar ir todo absolutamente y entregarnos humildemente en las manos de Dios. Y de nuevo, creemos que Dios nos dará una vida nueva. Todas nuestras aflicciones a través del sendero de la vida son una práctica para ese evento final, una oportunidad para confiar en el misterio de Dios de la muerte/resurrección.

Cuando un hombre pierde a su esposa, cuando una madre pierde a su hijo, se siente como si fuera el fin del mundo. ¿Cuál es el motivo para continuar? ¿Qué hay para que valga la pena vivir? Por un tiempo, esto es todo lo que uno puede sentir, y uno lo debe sentir como parte del proceso. Pero entonces aparece un espacio para la fe. ¿Podemos dejar ir aun a ese querido tesoro con confianza, esperando que Dios de alguna manera continuará dándonos vida (quién sabe cómo), tal vez aun más vida de la que habíamos tenido hasta ahora? ¿Podremos pasar nuestros días en este mundo sin aferrarnos (y a pesar de todo amar apasionadamente), pidiendo a Dios nuestro pan día a día? ¿Creemos realmente que Dios es lo que ha sido siempre: misterio del futuro, siempre frente a nosotros, invitándonos a no tener miedo, sino a continuar caminando hacia una nueva creación?

Existe un dicho que dice: La vida es lo que te está sucediendo mientras haces otros planes. Hay un toque de humor en el dicho, o aun de cinismo, sin embargo hay también una profunda verdad. Existe la vida como la imaginamos y planeamos, y la vida como realmente sucede. Siempre hay una separación entre ellas. Necesitamos nuestros planes, nuestros amores, y tenemos derecho a vivir nuestros lamentos, pero finalmente, estamos involucrados en un misterio más profundo que cualquiera de esas emociones. Ese misterio es benevolente; mantenernos enfocados y confiando en ese misterio es lo que nos sustenta y nos lleva a casa.

Buenas Nuevas: *De hecho, ninguno de nosotros vive para sí mismo y ninguno muere para sí mismo. Si vivimos, vivimos para el Señor, y si morimos, morimos para el Señor. Tanto en la vida como en la* *muerte pertenecemos al Señor. Por esta razón Cristo experimentó la muerte y la vida, para ser Señor de los muertos y de los que viven. (Rm 14:7-9)*

Acción Cristiana: Si estás pasando por una aflicción, duelo o lamento, permítete penar. Encuentra una persona en la que tengas confianza, y en una serie de conversaciones, comparte tu experiencia poco a poco, tratando completamente con cada uno de tus sentimientos.

SEMANA 4: SÁBADO

¿Está bien lastimar a alguien alguna vez?

En una ocasión estuve con una pareja cuyo matrimonio de dos años estaba pasando por tiempos difíciles. Aunque ambos se preocupaban por el otro, se sentían muy distanciados. Explorando el problema, descubrimos esto: desde el principio, ninguno de los dos había comunicado sus disgustos, insatisfacciones o enojos hacia el otro cuando estos ocurrían. Se callaban todo. ¿La razón? Eran buenos cristianos. No querían lastimarse uno al otro.

Estas son dos personas siendo destruidas por su propia bondad. No hay un mandamiento cristiano de no herir los sentimientos de alguien. Tampoco hay un mandamiento de no sentir frustración o enojo hacia otros. El mandamiento de Jesús es amar al prójimo. Amar al prójimo requiere de buen juicio. ¿Cuál es la mejor forma de expresar el amor en una situación dada? Tal vez sea diciendo no a alguien, y así decepcionándolo. Pudiera ser diciendo una verdad que lastimará sus sentimientos. El amor demanda que no hagamos nada que pueda dañar a otra persona. Pero, ¿lastimar los sentimientos de una persona la daña?

Un día Pedro le dijo a Jesús que él pensaba que no tenía que pasar por el sufrimiento y la muerte. Jesús le dijo: "¡Pasa detrás de mí, Satanás! Tus ambiciones no son las de Dios, sino de los hombres." (Mc 8:33) Es difícil imaginar que Pedro se haya sentido muy bien después de eso, especialmente porque la conversación tuvo lugar frente a todos los discípulos. Sin embargo, Jesús no estaba actuando en forma rencorosa o vengativa al expresarse de esta forma con Pedro, Él lo amaba y tenía una buena intención en su corazón.

Una manera de presentar el ideal cristiano es: Decir la verdad con amor. (Ef 4:15) A veces la verdad hiere. A menudo esa herida puede ser constructiva en la vida de la persona, ya sea compañero de trabajo, amigo, hijo, padre, cónyuge. ¿Cuántas veces nos hemos dado cuenta con el tiempo de la gran ayuda que recibimos al habérsenos dicho una verdad que realmente hirió nuestros sentimientos en ese momento?

En relaciones realmente cercanas como lo son el matrimonio o una amistad profunda, el compartir nuestros verdaderos sentimientos, aun los negativos, es absolutamente esencial para el desarrollo de la relación. Sólo si la otra persona *conoce* nuestro disgusto, desilusión, o enojo, el asunto en cuestión puede ser tratado. Otras personas no pueden saber lo que nos pasa a menos que se lo digamos. Cuando el asunto es tratado, cualquiera de lo dos, o los dos, podemos escuchar un llamado al cambio. Exactamente lo contrario sucede cuando nos reservamos nuestros sentimientos. Ninguno de los dos crecemos y el precio adicional que tenemos que pagar es la pérdida de intimidad, que fue lo que sucedió con la pareja anteriormente mencionada.

¿Cómo podemos decir la verdad con amor? Nos expresamos con tacto y cortésmente, con respeto evidente hacia la otra persona. Pensamos de antemano cómo lo diremos para que la herida sea mínima. No lo hacemos cuando estamos enojados. Nos concentramos en el comportamiento externo que desearíamos ver cambiado más que en los posibles motivos internos para que la otra persona no sienta que le estamos leyendo la mente, psicoanalizando, o dando terapia.

Hablamos de tal manera que el problema parezca más pequeño y no más grande de lo que en realidad es, porque eso da suficientes indicaciones y sin embargo suaviza el golpe. Si podemos pensar en decir cosas buenas de la persona al tiempo que decimos la dolorosa verdad, definitivamente las incluimos para que la persona se sienta amada y apreciada, no solamente criticada. En pocas palabras, trataremos a la otra persona en la manera que nos gustaría que nos trataran a nosotros.

No es sólo el herir los sentimientos de las personas lo que hace dudar a los cristianos si decir o no lo que se necesita decir en ciertas situaciones. Algunos sienten una prohibición implícita de decepcionar a alguien o "desilusionar", porque eso también lastima. ¿Cómo, por ejemplo, podríamos decir que no a las personas necesitadas, o a las personas solitarias que nos piden que estemos con ellas?

Hay varias razones cristianas legítimas para decir que no. Una de ellas es tomar en cuenta nuestras propias necesidades, otra razón son las necesidades de las otras personas que amamos aparte de las que nos están pidiendo algo. Otra es que tal vez no sea lo mejor para las personas solitarias o necesitadas el que carguemos muchas de sus cargas. Estas tres razones para decir no están basadas en el amor. Decepcionar a la gente no es lo mismo que dañarla.

Podríamos admitir también que no siempre son los más elevados motivos cristianos los que nos motivan a no decepcionar a la gente o a herir sus sentimientos. Algunas veces simplemente tenemos miedo que la persona que pudiéramos herir o decepcionar se enojaría y pensaría menos de nosotros y eso sería algo que no pudiéramos soportar. Así que, dada la oportunidad de escoger entre lo que es verdaderamente bueno y actuar de manera en que podamos gozar de la aprobación de todos, escogemos tener la aprobación de todos. Eso en un tipo de esclavitud, lo opuesto a la libertad cristiana. De lo que carecemos es de seguridad y de valor por nuestras convicciones.

Buenas Nuevas: *Estaremos en la verdad y el amor, e iremos creciendo cada vez más para alcanzar a aquel que es la cabeza, Cristo. Él hace que el cuerpo crezca, con una red de articulaciones que le dan armonía y firmeza, tomando en cuenta y valorizando las capacidades de cada uno. Y así el cuerpo se va construyendo en el amor. (Ef 4:15-16)*

Jesús dijo: "Si tu hermano ha pecado, vete a hablar con él a solas para reprochárselo. Si te escucha, has ganado a tu hermano". (Mt 18:15)

Acción Cristiana: Si hay alguien con quien hayas dudado hablar con la verdad por miedo a herir sus sentimientos o decepcionarlo, trata hoy de decirle la verdad con amor.

SEMANA 4: DOMINGO

Dios desea que disfrutemos

La mayoría de nosotros nos tomamos a nosotros mismos, y tomamos muestras vidas muy en serio. Medimos lo que valemos por lo que realizamos. Creemos que vivir es producir, y por lo que producimos justificamos nuestra existencia. Especialmente los cristianos, que tomando sus apuntes de la dedicación total de Jesús por el bienestar de los demás, se entregan totalmente a su trabajo y se sienten culpables cuando juegan.

Detrás de este enfoque de la vida con frecuencia hay una idea falsa de Dios. Dios es visto como un capataz de apariencia severa, preocupado de que cada minuto del día esté lleno de actividad útil. Tal vez esta imagen de Dios se formó, sin que nos diéramos cuenta, por la forma en que nuestros padres terrenales llevaban su vida, o por las enseñanzas o ejemplo de algún profesor cristiano en la infancia.

Tal vez Dios tiene más facetas que las que esta imagen sugiere. Porque si Dios ha creado castores y hormigas que parecen pasar la mayoría de su tiempo trabajando, Dios ha creado también focas, delfines, y gaviotas, que parecen pasar la mayor parte de su tiempo disfrutando. Los niños prácticamente no hacen otra cosa que jugar los primeros seis años de su vida (y hacer preguntas, y meterse y salir de aprietos explorando el mundo). Jesús nos dice que a los ojos de Dios todos somos niños, y que si no actuamos como niños no entraremos en el Reino de los Cielos.

Una imagen de Dios más parecida a este espíritu la encontramos en la siguiente historia:

Una joven mamá lleva a sus tres niñitos a la orilla de la playa una tarde de verano. Mientras ella se sienta y lee un poco, sus niños juegan en la orilla del agua, construyendo castillos de arena. Cuando han terminado, vienen con ella y le dicen: "Mamá, ven a ver lo que hemos hecho". Así que ella va con ellos. El mayor dice: "¡Mamá, mira mi castillo! Es el más grande. ¡Tiene tres torres y una muralla!" Y la mamá dice: "Muy bonito, cariño." El siguiente niño dice: "Mamá, ¡mira mi castillo! ¡Tiene un foso donde entra el agua!" Y la madre dice: "Ya lo veo, está muy bonito". El más pequeño señala un montón de arena y dice: "Mamá, ¡mira mi castillo!" Y la madre dice: "Es hermoso, cariño".

¿Qué desea esa madre para sus hijos? Que estén seguros. Que disfruten los rayos del sol, el aire fresco, el día de verano en la playa. Ella sabe que la marea llegará y destruirá sus castillos. Sabe que ese día será simplemente asimilado dentro de los días de sus vidas.

¿Qué quiere Dios para nosotros? Que estemos seguros. Que disfrutemos el don de la vida. Que seamos amigos, ¿Y todo lo demás? ¿Todos los proyectos en los que invertimos con tanto anhelo? Dios dice: "Si, cariño. Eso está muy bonito".

Buenas Nuevas: *A los discípulos se les ocurrió preguntarse cuál de ellos era el más importante. Jesús, que conocía sus pensamientos,* *tomó a un niño, lo puso a su lado y les dijo: "El que recibe a este niño en mi nombre, me recibe a mí; y el que me recibe a mí, recibe al que me envió. El más pequeño entre todos ustedes, ése es realmente grande." (Lc 9:46-48)*

Acción Cristiana: Observa a los pájaros, peces, animales y a los niños durante la semana próxima. Regálate hoy a ti mismo el regalo de una hora para hacer algo diferente a tu trabajo, algo que en verdad disfrutes.

SEMANA 5: LUNES

Elecciones difíciles

Algunas veces nos metemos en situaciones difíciles. O por lo menos nos encontramos dentro de ellas. Tal vez nuestro trabajo nos esté provocando mucha angustia. Una relación con un amigo, un cónyuge o un miembro de la familia quizá nos esté abrumando más que consolándonos o apoyándonos. Tal vez haya desacuerdos fundamentales en los valores en nuestra iglesia local que pueden muchas veces causarnos enojo. En todas estas situaciones, hay personas involucradas y se supone que los cristianos somos gente que nos amamos unos a otros. ¿Qué hace un cristiano en situaciones así?

Tenemos tres opciones básicas en cualquier situación difícil. Podemos permanecer en ella y trabajar para cambiarla. Podemos permanecer en ella y no permitir que nos mortifique mucho. O podemos alejarnos de esa situación. La pregunta que nos guiará como cristianos es: ¿Cuál es la acción que llevaría más amor considerando a todas las personas? (Eso nos incluye a nosotros).

Antes de que decidamos aceptar o alejarnos de una situación difícil, sería bueno ver si pudiéramos ser capaces de cambiarla para mejorar, pues la vocación de los cristianos es traer el reino de Dios. ¿Cómo se vería esta situación si Dios reinara en ella? Tal vez ese conflicto sea una oportunidad. El tiempo de crisis, después de todo, es un tiempo de crecimiento, para nosotros y posiblemente para otros. El dolor es un gran maestro y los conflictos nos estiran y hacen que salga lo mejor de nosotros. Tal vez podríamos dialogar y tratar de solucionar esa situación para todos salir de ella siendo un poco más humanos. Tal vez yo sea gran parte del problema y pudiera aprender algo valioso.

Pero algunas veces no podemos cambiar la difícil situación en la que nos encontramos. Y por varias razones no podemos abandonarla. Entonces, ¿podremos aprender a no permitir que nos moleste tanto? ¿Podemos dejar que simplemente se nos "resbale"? ¿Podemos poner a la situación y a las personas en una perspectiva más amplia? ¿La podremos soportar y encontrar vida en otros lugares? En esto también puede haber un crecimiento real en nosotros, un fortalecimiento de nuestro ser, un incremento en nuestra paciencia, un crecimiento en nuestro amor.

Sin embargo, hay algunas situaciones en las cuales el mejor plan de acción es darnos por vencido y retirarnos. No podemos cambiar la situación, no podemos hacer la paz, y gradualmente nos está destruyendo. Algunas relaciones caen dentro de esta categoría. Son relaciones abusivas, ya sea física o verbalmente, o simplemente no hay cuidado mutuo ni se comparte realmente en ellas. Algunas labores o compromisos con la iglesia caen en esta misma categoría. Hay verdadera injusticia y la parte que ofende no tiene intenciones de cambiar. Abandonar la situación no es sólo un acto adecuado de amor a uno mismo; produce una declaración que tal vez tenga una mayor oportunidad de ser escuchada que una simple protesta verbal y resistencia. ¿Se dio por vencido Jesús en alguna situación? Sí, y algunas veces se negó aún a dialogar.

> Vinieron los fariseos y empezaron a discutir con Jesús. Querían ponerlo en apuros, y esperaban de Él una señal que viniera del Cielo. Jesús suspiró profundamente y exclamó: "¿Por qué esta gente pide una señal? Yo les digo que a esta gente no se le dará ninguna señal." Y dejándolos, subió a la barca y se fue al otro lado del lago. (Mc 8:11-13)

Con sus discípulos hizo una elección diferente. No se dio por vencido con ellos, eligió seguir trabajando con su falta de entendimiento y valor en lugar de buscar un grupo nuevo. Parece que tampoco se dio por vencido con los líderes religiosos de su tiempo. Pero no siempre fue amable con ellos. Los denunció públicamente en varias ocasiones. Presumiblemente hubo muchas otras situaciones en las que Jesús no hizo caso alguno, no permitiendo que le molestaran mucho.

Es importante darse cuenta que como cristianos no tenemos simplemente que tolerar todo pacientemente. Pero que en cada situación debemos ser guiados por el amor. Las bienaventuranzas expresan el espíritu que nos gustaría fuera nuestro.

Buenas Nuevas:

Felices los que tienen el espíritu del pobre, porque de ellos es el Reino de los cielos.

Felices los que lloran, porque recibirán consuelo.

Felices los pacientes, porque recibirán la tierra en herencia.

Felices los que tienen hambre y sed de justicia, porque serán saciados.

Felices los compasivos, porque obtendrán misericordia.

Felices los de corazón limpio, porque verán a Dios.

Felices los que trabajan por la paz, porque serán reconocidos como hijos de Dios.

Felices los que son perseguidos por causa del bien, porque de ellos es el Reino de los Cielos.

Felices ustedes, cuando por causa mía los insulten, los persigan y les levanten toda clase de calumnias. Alégrense y muéstrense contentos, porque será grande la recompensa que recibirán en el cielo. Pues bien saben que así persiguieron a los profetas que vinieron antes de ustedes. (Mt 5:3-12)

Acción Cristiana: Reflexiona sobre alguna situación difícil en tu vida. ¿Cuál es tu plan de acción más amoroso que incluya a todas las personas? Toma medidas para seguir esa opción.

SEMANA 5: MARTES

No te tomes tan en serio

Hay un riesgo relacionado con cualquier experiencia religiosa importante, como lo es un retiro. El riesgo es el orgullo, expresándose a sí mismo como algo correcto. Es una de esas tentaciones sutiles que se enredan en la gente buena cuando no se está conciente de ella.

Una experiencia religiosa incrementa el entusiasmo. El entusiasmo fácilmente incrementa el dogmatismo. El dogmatismo dice: "Esta *es* la manera de hacerlo, no hay otra." Algunas veces observamos este espíritu en personas que han encontrado algo maravilloso en la renovación carismática. Lo vemos en parejas que han recibido gran ayuda en un Encuentro Matrimonial o Cursillo. Lo vemos en los fundamentalistas bíblicos cuyas vidas han sido cambiadas por el encuentro con la palabra de Dios. En todos estos casos hay un gran entusiasmo que a veces termina por limitar los horizontes de las personas.

"Nosotros tenemos la verdad y ustedes no".

"Nosotros estamos en lo correcto y ustedes están equivocados".

"Nosotros somos de Dios y ustedes pertenecen a Satanás".

El punto inicial es sin duda bueno. *Ha* habido una experiencia genuina acerca de Dios y un inequívoco enriquecimiento de la vida. *Hay* algo bueno para compartir con otros. Pero aun las buenas personas son tentadas, y esta tentación particular juega con nuestra innata tendencia de hacernos sentir bien a nosotros mismos, colocándonos por encima de otros. Se nos olvida que también somos pecadores, aun después de la conversión y el compromiso. Perdemos de vista el hecho de que nuestra manera de ver la vida es solamente eso, una visión parcial, especialmente en lo que concierne a asuntos religiosos. Nadie tiene la verdad total. Nadie tiene el único camino. Pasamos por alto el hecho de la rica diversidad de la historia religiosa: que Dios es más grande que cualquier sistema religioso y atrae a la gente por muchos, muchos senderos.

La rectitud excesiva nos impide escuchar y mirar. No hay necesidad de mirar ni escuchar puesto que tenemos la verdad. Hemos venido a *enseñar*. Esperamos engreídamente y preguntamos: ¿Cuándo verán la luz y se nos unirán? ¡Cuánto perdemos! Perdemos grandes posibilidades de descubrimiento y aprendizaje, no sólo acerca de otros, sino también de nosotros mismos, porque solamente podemos vernos a nosotros mismos claramente en una perspectiva que incluya los puntos de vista de otras personas. Perdemos aún la oportunidad que tenemos de compartir nuestras buenas nuevas porque nuestra actitud arrogante hace a los demás alejarse.

Jesús trataba de *incluir*. Era sensible al bien dondequiera que lo encontraba, y lo encontró en lugares no muy comunes: entre las prostitutas, los cobradores de impuestos, los samaritanos, los gentiles. Él prometió que en el Reino de Dios habría gente extraña, mientras que los que pensaban que eran sus hijos se encontrarían afuera. El reino de Dios es un lugar difícil para aquellos de nosotros que tenemos que sentirnos superiores a alguien más para sentirnos bien acerca de nosotros mismos.

Una persona sabia en una ocasión dijo: Lo primero que debemos hacer al acercarnos a otras personas, otra cultura u otra religión, es quitarnos los zapatos, porque al lugar al que nos acercamos es sagrado. De otra forma, tal vez nos encontremos involucrándonos en los sueños de alguien más. Más serio aún, tal vez olvidemos que Dios estuvo ahí antes de que nosotros llegáramos.

Buenas Nuevas: Jesús dijo esta parábola por algunos que estaban convencidos de ser justos y despreciaban a los demás. "Dos hombres subieron al Templo a orar. Uno era fariseo y el otro publicano. El fariseo, puesto de pie, oraba en su interior de esta manera: "Oh Dios, te doy gracias porque no soy como los demás hombres, que son ladrones, injustos y adúlteros, o como ese publicano…Ayuno dos veces por semana y doy la décima parte de todas mis entradas." Mientras tanto el publicano se quedaba atrás y no se atrevía a levantar los ojos al cielo, sino que se golpeaba el pecho diciendo: "Dios mío, ten piedad de mí, que soy un pecador." Yo les digo que este último estaba en gracia de Dios cuando volvió a su casa, pero el fariseo no. Porque el que se hace grande será humillado y el que se humilla será enaltecido." (Lc 18:9-14)

Acción Cristiana: Acércate hoy a alguien a quien hayas mirado con menosprecio. Hazlo con respeto y tratando de interesarte realmente por esa persona, escuchando más que hablando. Ve qué puedes aprender de esa persona.

SEMANA 5: MIÉRCOLES

Sistemas pecaminosos

Cuando la esclavitud era parte de la vida en los Estados Unidos, mucha gente simplemente daba por sentado que eso era correcto. Se asumía sin cuestionamientos que la gente negra era inferior a la gente blanca, que podían ser capturados y desarraigados de sus lugares de origen y ser comprados y vendidos como propiedad. También podían ser golpeados y violados al capricho de sus dueños, y si uno era asesinado, se encubría el hecho y nadie hacía muchas peguntas. Esto parece monstruoso ahora, pero solamente porque ya no vivimos en ese sistema. En ese tiempo, un gran número de cristianos participaron en ese sistema, sus conciencias no revelaban un problema.

El trato de los judíos en la Alemania Nazi es otro ejemplo de un sistema de pecado. Sus horrores son bien conocidos. Una nación entera participó, algunas personas activamente, muchos por aceptación pasiva. Cuando a aquellos que participaron activamente se les hicieron cargos criminales después de la guerra, su súplica fue: "Sólo estábamos haciendo lo que se nos dijo que hiciéramos".

Estos ejemplos nos dan una nueva visión del pecado. Normalmente pensamos en el pecado como un asunto personal: Yo peco, otra gente peca. Pero más allá de nuestro pecado personal, existe el problema de que algunas veces nos encontramos unidos con otra gente en sistemas pecaminosos. Todos cooperamos en hacer el mal simplemente por ser parte del sistema. Generalmente ni siquiera notamos el hecho de que lo que estamos haciendo es algo malo.

¿Cuáles son algunos de los sistemas pecaminosos hoy día? Aunque la esclavitud se ha ido, el racismo todavía existe y esta estructurado dentro de nuestra cultura. El sexismo es otro de los demonios penetrantes de nuestra cultura y de la mayoría de culturas. Se asume que las mujeres son inferiores a los hombres y que deben tomar órdenes de ellos y adecuarse a sus arreglos. Las mujeres trabajan por menor paga y se les obstaculiza para muchas posiciones en la vida de la iglesia y de la economía. El militarismo es otro demonio sembrado profundamente en la cultura Americana. En lugar de usar nuestros abundantes recursos para mejorar la vida de toda la gente en este país y en el mundo, utilizamos un enorme porcentaje de esos recursos en armamento para proteger nuestra privilegiada forma de vivir. Estamos dispuestos a borrar millones de seres humanos con armas nucleares si tenemos que hacerlo. Somos también el proveedor más grande de armas, con frecuencia vendiendo ese armamento a bandos contrarios en el mismo conflicto. El consumismo es otra de nuestras estructuras pecaminosas. La forma de vida americana, excesiva en muchas formas, depende para su continuidad de una explotación sistemática de la gente más pobre y de los recursos de la tierra.

Lo que conforma los sistemas pecaminosos es que a través de ellos algunas personas disfrutan de beneficios a expensas de otros. Esas otras personas son lastimadas, obstaculizadas, violadas y algunas veces destruidas. De esta manera, las estructuras pecaminosas son lo opuesto al amor y van en contra de los designios de Dios para la humanidad. El llamado de Jesús a sus discípulos no es sólo un llamado para alejarse del pecado personal. Es un llamado a trabajar con Dios para cambiar la sociedad humana para que Él pueda de verdad reinar en ella. Las señales del Reino de Dios son la justicia, la paz y el gozo para toda la comunidad humana.

Esto tal vez suene como algo que ofrece inspiración, pero la labor de cambiar sistemas es difícil. Lo que hace tan difícil enfrentar a un sistema de maldad es que casi todos están involucrados en él, incluyendo a nuestros familiares y amigos. Además, el sistema está firmemente establecido y es muy poderoso, y somos recompensados si lo seguimos y penalizados si vamos en contra.

Así que, ¿dónde podemos comenzar? Probablemente lo primero sería rezar para que seamos sanados de nuestra ceguera y poder reconocer los sistemas pecaminosos y nuestro consentimiento para ellos. No es muy responsable creer que todo lo que sea que la corporación, el gobierno o la iglesia decidan hacer es correcto. Esa postura es tanto ingenua como perezosa.

Cuando reconocemos alguna estructura pecaminosa, nuestro deber es dejar de cooperar en ella tanto como podamos. Es hablar en contra de ella, aunque eso requiera mucho valor. Es trabajar para cambiarla, aunque el trabajo quizá sea largo y sin recompensa. Es algunas veces abandonar el sistema, aunque eso es normalmente muy riesgoso. Todo esto implica un considerable costo personal, por lo cual las estructuras pecaminosas normalmente gozan de una larga existencia y de membresías abundantes.

Nuestra consideración entonces empieza con el pecado y termina con el discipulado. Este tipo de discipulado sólo puede sostenerse con la oración y el apoyo de una comunidad.

Buenas Nuevas: *Jesús les dijo una parábola: "Había un hombre rico que se vestía con ropa finísima y comía regiamente todos los días. Había también un pobre, llamado Lázaro, todo cubierto de llagas... (Lc 16:19)*

Jesús dijo: ¡"Jerusalén, Jerusalén, qué bien matas a los profetas y apedreas a los que Dios te envía! ¡Cuántas veces he querido reunir a tus hijos, como la gallina reúne a sus pollitos bajo las alas, y tú no has querido! (Mt 23:37)

Acción Cristiana: ¿Hay formas en las que tu silencio o tus actitudes fortalecen sistemas pecaminosos en tu trabajo, colonia o iglesia? ¿Cuál piensas que es el llamado de Dios para ti en cualquiera de esas situaciones?

SEMANA 5: JUEVES

¿Cuánto es suficiente?

Una mujer casada se encontró en la posición de ser la mejor amiga y apoyo más cercano de su madre viuda, quien vivía en un departamento al otro lado de la ciudad. La madre estaba sola y necesitada, y deseaba que su hija estuviera ahí todo el tiempo. No importaba cuanto tiempo la hija pasara con ella en el departamento o en el teléfono, nunca era suficiente.

Para otra mujer, era su padre viudo que había perdido todo interés en vivir cuando su esposa murió, se alejó de todos sus amigos, abandonó sus actividades normales, y esperaba la visita de su hija para poder platicarle lo mal que estaba todo y llorar con ella.

Todos hemos enfrentado situaciones similares de vez en cuando, aunque tal vez no tan dramáticas. Pueden ser las exigencias que el cónyuge y los niños hacen, la manera en que la gente nos trata en el trabajo, las necesidades inagotables que ciertos amigos presentan. Esto representa un dilema para el cristiano, a quien se le ha dicho muchas veces que ame y sirva al prójimo y se sacrifique en el proceso. ¿Qué quiere decir esto? ¿Está el cristiano simplemente a la disposición de los demás para ser usado y abusado hasta que una muerte misericordiosa finalmente lo libere?

Un hecho desafortunado de los evangelios es que son muy cortos y por lo tanto muy selectivos en cuanto a lo que retratan de Jesús. Nos enseñan muy poco sobre la forma en que Él establecía límites. Podríamos utilizar más bosquejos de Jesús jugando, de Jesús descansando, y de Jesús diciendo no, sólo para balancear la imagen de su generosidad. El debió haber establecido límites o no habría sobrevivido por el tiempo que lo hizo. Porque en este mundo de humanidad sufriente, el trabajo de la persona compasiva y que ayuda nunca termina.

Ya sea que consideremos la vida de un cristiano generalmente dedicado al servicio, o la vida del individuo que enfrenta un reto particular como los descritos anteriormente, tienen que haber unas directivas para saber cuánto es suficiente:

1) Cuando me siento continuamente exhausto, irritable o deprimido, estoy intentando hacer demasiado. Mis propias necesidades no están siendo satisfechas y no soy yo el único que sufre las consecuencias. También las sufren los que me rodean, incluyendo aquellos a quienes supuestamente estoy ayudando.

2) Puesto que el servicio cristiano es interminable, es mejor que tome mi ritmo. Es un maratón en lo que estoy involucrado. Es mejor que lo tome con calma, para que pueda llegar hasta el final. El bien que puedo hacer con constancia durante una vida es mucho más grande que el bien que puedo hacer con una impulsiva generosidad que me obligue a retirarme prematuramente.

3) Un sacrificio inútil es sólo eso: algo inútil. Algunas veces los sacrificios que hago por otros realmente los ayudan o les hacen felices. Este es un sacrificio con sentido. Pero a

veces parecen no hacer ningún bien, como es el caso de esa gente para quien lo que se les de nunca es suficiente. Parece ser que todo lo que hago se va al drenaje. Y me cuesta mucho. Cuando no estoy salvando la vida de alguien, tal vez sea mejor que al menos salve mi propia vida.

4) Algunas veces, lo que me siento inclinado a hacer por otros no es realmente lo mejor para ellos. Tomemos los dos casos anteriores, la gente anciana solitaria. ¿Es realmente útil para ellos a la larga que yo esté dispuesto a llenar el vacío en sus vidas? O, ¿crecerían más si tuvieran que hacer más por ellos mismos, realmente enfrentarse a si mismos, encontrar un grupo más amplio de amistades, encontrar otras maneras de llenar sus días? Tengo que estar alerta de mis tendencias de rescate.

5) Aun el cristiano tiene derechos: Si el cristiano trabaja para conseguir el motivo de Jesús: "Yo he venido para que tengan vida y la tengan en abundancia," entonces para Dios el cristiano tiene el mismo derecho al don de la vida. Es justo apostar que si Jesús encontró a alguien que estaba exhausto por ofrecer su servicio a otros, Él no sólo elogiaría la generosidad de la persona, sino que también le diría: "amigo mío, necesitas un descanso," como se los dijo a sus propios discípulos: "Vámonos aparte, a un lugar retirado, y descansarán un poco."(Mc 6:31)

Particularmente propensas a excederse en dar de sí mismas son las mujeres, tan acostumbradas a cuidar de otros y a no pedir nada para ellas. También son propensos quienes crecieron en familias en las que había desigualdad en las tareas de uno o ambos padres y a los niños se le confiaba prematuramente con puestos de responsabilidad. Nunca nadie preguntó a esos niños: ¿Qué necesitas? Ahora, como adultos ellos difícilmente saben cuáles son sus necesidades, y se sienten culpables cuando piden cualquier cosa. Lo que estas personas necesitan oír es el mensaje sanador de que Dios es un Dios de vida para todos. Ellos son preciosos también.

Buenas Nuevas: *Pero, ¿puede una mujer olvidarse del niño que cría, o dejar de querer al hijo de sus entrañas? Pues bien, aunque alguna lo olvidase, yo nunca me olvidaría de ti. Mira como te tengo grabada en la palma de mis manos."*

"Pues yo soy Yavé, tu Dios, el Santo de Israel, tu Salvador. Para rescatarte, entregaría a Egipto, Etiopía y Saba, en lugar tuyo. Porque tu vales mucho a mis ojos, porque te amo y eres importante para mí." (Is 43:3-4)

Acción Cristiana: Hoy sé bueno contigo mismo. Ve al cine, camina en un lugar bonito, invítate a un masaje. Hazlo con la convicción de que eres amado y que el don de la vida es también para ti.

SEMANA 5: VIERNES

Sanando recuerdos

Nuestras vidas pueden ser obstaculizadas en gran manera por experiencias dolorosas del pasado que todavía viven muy dentro de nosotros. La experiencia dolorosa pudo haber sido un abuso sexual o físico en el hogar, carencia de amor paterno, encuentros dolorosos con compañeros, pérdida de un ser querido por muerte o por rechazo o cualquier cosa que nos dejó con profundas dudas sobre nosotros mismos, haciéndonos sentir culpables, inseguros, o temerosos. Estas experiencias con frecuencia continúan afectando la forma en que nos sentimos acerca de nosotros mismos, la forma en que respondemos a las oportunidades de la vida y la forma en que nos relacionamos con otra gente. Algunas veces también entorpecen nuestra relación con Dios. En cualquier caso, esas reacciones preocupan a Dios, quien nos ama y desea que seamos libres y felices.

No podemos sanarnos a nosotros mismos. Necesitamos de la ayuda de Dios y de otra gente. El proceso de sanar implica varios pasos:

1) *Compartir el dolor.* Un dolor debe ser escuchado para que pueda sanar. Tenemos que compartir nuestro doloroso recuerdo, reviviéndolo al hacerlo. Esto significa dejar que los terribles sentimientos regresen aunque sean atemorizantes y abiertamente compartirlos con alguien en quien confiemos. La persona debe estar en disposición y capacitada para dejarnos desmoronar momentáneamente, si esto sucede, al reencontrar nuestra profunda herida, enojo, culpa, pena, desesperación o cualquiera que sea el sentimiento. Tenemos que ser capaces de descargar estos sentimientos para poder sanar. Tal vez necesitemos hacerlo varias veces, pues nuestros recuerdos tienden a regresar por partes en lugar de hacerlo de una sola vez cuando abrimos la puerta que por mucho estuvo cerrada.

2) *Encontrar las bendiciones ocultas.* Todos estamos conscientes del lado espantoso de nuestros dolorosos recuerdos. Normalmente estamos menos conscientes de que Dios estuvo trabajando con nosotros en las tragedias de nuestras vidas para sacar algo bueno de ellas. Liberarnos del dolor dependerá de que nosotros podamos traer este aspecto positivo a nuestra conciencia. Por ejemplo, las personas que fueron solitarias en su niñez, a menudo desarrollan una profunda relación con Dios. Las personas que no son bien cuidadas con frecuencia desarrollan independencia e ingenio. Las personas que sufren frecuentemente aprenden compasión por los sufrimientos de otros y terminan atendiéndolos de alguna manera. ¿Cuáles son las bendiciones que Dios ha sacado de estas difíciles experiencias de tu vida? Quizá un amigo te pueda ayudar a mencionarlas.

3) *Perdonar a la persona que te ha lastimado.* Esto normalmente es algo muy difícil y necesitamos pedir ayuda a Dios. En la oración, tratamos de ver a quienes nos hirieron en su contexto en ese tiempo. Tal vez ellos hicieron lo mejor que pudieron con lo que tenían. Un hombre en sus cuarentas perdonó a su padre porque nunca pasó tiempo con él cuando era

un niño, cuando supo como éste había sido criado por su padre. Una mujer en sus treintas pudo perdonar a su madre por haberse divorciado de su padre cuando llegó a un punto en su matrimonio donde vio que el divorcio era su única opción. Esto subraya la verdad de que perdonar toma tiempo y que necesitamos ser pacientes con nosotros mismos. Muchas veces tenemos que estar a cierta distancia del evento y tener nuestras vidas en cierta manera encarriladas para poder perdonar. Tal vez todavía sintamos algún dolor después de perdonar, sin embargo, básicamente hemos dejado ir nuestra hostilidad y hemos dejado de utilizar la herida ya sea como un arma o como una excusa.

4) *Poner el proceso completo en el contexto de la oración.* Cada uno de los pasos que se han mencionado anteriormente es difícil y necesitamos la ayuda de Dios. Frecuentemente necesitamos el apoyo de Dios para tener el valor de encarar nuestro dolor y compartirlo con alguien. Necesitamos que Dios ilumine nuestro entendimiento para poder ver cómo los conflictos, tragedias, y privaciones de nuestras vidas paradójicamente nos han bendecido. Necesitamos el toque de Dios para suavizar nuestro corazón y poder perdonar a los que nos han lastimado. Nuestros amigos nos pueden ayudar también con todo esto, no sólo orando por nosotros, sino también orando con nosotros.

No tiene sentido cargar recuerdos dolorosos sin sanar. Ellos nos encierran en la amargura y parálisis. Dios nos sanará y liberará si realmente lo deseamos, pero tenemos que estar dispuestos a encarar el dolor y luego dejarlo ir.

Buenas Nuevas: *"¿Quién nos separará del amor de Cristo? ¿Acaso las pruebas, la aflicción, la persecución, el hambre, la falta de todo, los peligros o la espada? … En todo eso saldremos triunfadores gracias a Aquel que nos amó. Yo se que ni la muerte ni la vida, ni los ángeles ni las fuerzas del universo, ni el presente ni el futuro, ni las fuerzas espirituales, ya sean del cielo o de los abismos, ni ninguna otra criatura podrán apartarnos del amor de Dios, manifestado en Cristo Jesús, nuestro Señor." (Rom 8:35-39)*

Acción Cristiana: Reflexiona y mira si hay algún recuerdo doloroso inhibiendo tu vida. Con la ayuda de un amigo en quien confíes, trata de sanar alguno de esos recuerdos, usando los pasos arriba sugeridos.

SEMANA 5: SÁBADO
Simplicidad de la vida

Julie participó en un retiro muy significativo hace un mes, y desde entonces sigue la vida cristiana muy seriamente. Mirando su situación ahora, encuentra un asunto acerca del cual no se siente en paz y busca a Dios en la oración.

Julie: Dios, tengo una pregunta que hacerte: Nuestro director del retiro nos dio una plática sobre la transformación cristiana. El mencionó que nuestra vida esta conformada por cuatro relaciones principales y que deberíamos trabajar para hacer esas relaciones más y más cristianas. Siento que he progresado en mi relación contigo, conmigo, y con otra gente. La que no puedo comprender es mi relación con las cosas. De hecho, no puedo recordar lo que dijo que deberíamos hacer al respecto.

Dios: Realmente lo estás haciendo muy bien en esas tres áreas, Julie. Aprecio tu creciente interés por las cuatro. Lo que es importante en tu relación con las cosas es que mantengas una vida sencilla, que no te dejes atrapar al adquirir más y más cosas, como muchos de tus vecinos y amigos hacen. La razón es que no puedes hacerlo y todavía tener un corazón que esté de verdad interesado en mí y en mi trabajo en el mundo.

Julie: Dios, seré honesta contigo. Es realmente difícil para mí oír lo que me estás diciendo. Me gustan las cosas. ¿Por qué no puedo tenerlas?

Dios: Puedes tener bastante de lo que deseas Julie. Ciertamente tienes derecho a lo que necesitas y a algunas otras cosas más. De lo que hablo es de quedar atrapada en un estilo de vida en donde conseguir la riqueza se vuelve la meta más importante en la vida, donde la ropa es una preocupación real y compras demasiada, donde deseas una casa más grande y otro automóvil y quizá una casa de verano con un bote y vacaciones en las Islas del Mar del Sur. Hoy en día en tu país mucha gente persigue estas metas. Ya mencioné el problema de cómo este asunto encadena todos tus intereses y energía. El otro problema es cómo afecta al resto de la comunidad humana.

Julie: Ahora puedo entender mejor lo que quieres decir. Tengo ciertas tendencias en esa dirección. ¿Pero, qué quieres decir con comunidad humana?

Dios: Déjame pintarte una imagen. Supón que el mundo entero fuera una villa de cien personas. Supón que seis personas en la villa poseen cuarenta por ciento de los bienes disponibles, mientras que las otras noventa y cuatro personas poseen el sesenta por ciento restante. Esto probablemente no se vería como algo muy justo para las noventa y cuatro restantes, especialmente sabiendo que los bienes de la villa tampoco están distribuidos equitativamente entre ellos, sino que algunas personas tienen mucho más de lo que necesitan, mientras que otros no tienen para las necesidades elementales de la vida.

Imagina las viviendas en la villa. Hay seis mansiones, algunas casas de tabique, algunas casas con armazón de madera y muchas chozas. Y hay un gran número de gente, ciertamente más de seis, que no tienen hogar y duermen en las calles. Alguna gente come y bebe suntuosamente, mientras muchos están hambrientos y sus niños lloran por no tener comida. Muchos están enfermos, pero no tienen dinero para los cuidados médicos. Los padres y madres de esas familias miran las mansiones de los ricos y se consumen de cólera. Ellos *trabajan* para esa gente, pero no se les paga lo suficiente para vivir. A ellos les gustaría asaltar esas casas y tomar lo que necesitan, pero las mansiones de los ricos tienen murallas altas y son protegidas por la policía. De hecho, los ricos gastan más en protección que lo que costaría alimentar, vestir, y dar refugio a todos los pobres. Mucho, mucho más.

Te he pintado una imagen triste, pero ese es el mundo que veo todos lo días. Escucho los lamentos de los pobres, y las seis personas con el cuarenta por ciento de la riqueza son la gente de los Estados Unidos, sólo seis por ciento de la población del mundo.

Julie: Eso me hace sentir terrible. No sé que hacer.

Dios: Yo sé que tú no dispusiste las cosas para que el mundo fuera así, ni tus padres o sus padres. Pero así es como la situación se ha desarrollado y evidentemente es un sistema muy injusto, dañino para mucha gente. Es por esto que la economía y la política son una gran preocupación mía y de la gente que desea ayudarme.

Julie: Ahora entiendo por qué Jesús habló tanto sobre la riqueza y la pobreza. Él verdaderamente hizo del pobre un campeón, y llamó a los ricos a tener una responsabilidad social. Me has dado una mejor idea de cómo pensar acerca de mi relación con las cosas. Me has dado una tarea difícil en lo que respecta a la política y la economía.

Dios. No deseo que cargues con todo tú sola, yo sé que no puedes llevar a cabo todo el cambio, pero la contribución de cada persona cuenta. El Reino de Dios es como el grano de mostaza que crece, tú sabes.

Julie: Lo sé. Me has dado mucho en que pensar. Creo que tendré que pasar un buen tiempo en este asunto. Gracias Dios.

Buenas Nuevas: "No junten tesoros y reservas aquí en la tierra, donde la polilla y el óxido hacen estragos, y donde los ladrones rompen el muro y roban. Junten tesoros y reservas en el Cielo, donde no hay polilla ni óxido para hacer estragos, y donde no hay ladrones para romper el muro y robar. Pues donde está tu tesoro, allí estará también tu corazón". (Mt 6: 19-21)

Acción Cristiana: Hoy realiza algo que muestre que estás más interesado en el Reino de Dios que en adquirir cosas para ti, por ejemplo, lleva una donación a un banco de alimentos o ayuda trabajando en un proyecto de justicia o paz.

SEMANA 5: DOMINGO

Amistad con Jesucristo

Algunas veces el discipulado cristiano parece muy difícil. Aspiramos a alcanzar los altos ideales que Jesús enseñó. Tratamos de imitar su sublime ejemplo. No conseguimos éxito en ninguno de los dos aspectos y todo esto nos parece agotador. ¿Es eso lo que el discipulado es: solo aspiración e imitación, con pobres resultados? No, afortunadamente el discipulado tiene también otra dimensión, una que es bastante más fácil. Esa dimensión es la amistad con Jesucristo. Es sencillamente un regalo. Él se ofrece a sí mismo a cada uno de nosotros como un compañero, y ser su discípulo significa ser su amigo.

> Si alguien me ama, guardará mis palabras, y mi padre lo amará. Entonces vendremos a Él para poner nuestra morada en Él. (Jn 14:23)
> Mira que estoy a la puerta y llamo: si uno escucha mi voz y me abre, entraré en su casa y comeré con él y él conmigo. (Ap 3:20)
> Ya no los llamo servidores; los llamo amigos. (Jn 15:15)
> Yo estoy con ustedes todos los días hasta el fin de la historia. (Mt 28:20)

La amistad con Jesucristo es similar a nuestra amistad humana común en muchas formas. Significa estar presentes el uno para el otro en amor, intercambiando mutuamente lo que cada uno tiene para dar. Es también de alguna manera diferente. Por un lado, Jesús no está presente físicamente como nuestros amigos lo están. No nos toca como ellos lo hacen, ni nos da mensajes verbales claros. Tampoco podemos verlo y tocarlo como nos gustaría hacerlo. Esto hace difícil el relacionarnos con Él. Tenemos que apoyarnos en la fe, *creyendo* en su presencia y en su amor. También tenemos que utilizar nuestra imaginación, tratando de representarlo de alguna manera quizá aún visualizándonos en interacción con Él.

Hay otra diferencia importante en esta amistad, una que es muy buena: Esta es una amistad con la que podemos contar sin importar nada. No terminará de repente, a menos que *nosotros* deseemos terminarla. Él será fiel y permanecerá con nosotros, aun en los extravíos y errores que marcan nuestras vidas. Con Él no hay "es el colmo" como con algunos de nuestros otros amigos. El perdón y la reconciliación siempre son ofrecidos. Tampoco necesitamos temer por la separación geográfica o por la muerte. Jesús va con nosotros a donde quiera que vayamos.

La vida entera de San Pablo está basada en la amistad con Jesucristo: "Cristo es mi vida," él dijo (Fil.1:21). Si leemos sus cartas, nos damos cuenta cómo San Pablo dio un giro a su vida entera hacia Cristo, confiando en Él, pidiéndole lo que necesitaba, considerando el trabajo de toda su vida en términos de Él y recibiendo con gratitud su constante amor como su sustento. Exclamaba: "Él me amó y se entregó por mí." (Gal.2:20) San Pablo a menudo repetía la descripción de que la vida Cristiana es la vida "en Cristo", Pablo es un buen ejemplo del tipo de existencia que Jesús describe en su discurso de despedida:

Yo soy la vid y ustedes las ramas. El que permanece en mí y yo en él, ese da mucho fruto, pero sin mí no pueden hacer nada. (Jn 15:5)

Pablo lo pone de esta manera: "Todo lo puedo en aquel que me fortalece." (Fil 4:13) Muchos otros santos también han experimentado y descrito esta clase de relación íntima. Tal vez tu tuviste una probada de ello en tu retiro y deseas mantener esa experiencia viva ahora que el retiro ha terminado.

¿Qué hacemos para profundizar y fortalecer la amistad con Jesucristo? Nada más que continuar pidiéndolo y abriendo nuestro corazón a ello. Sin embargo, debemos seriamente desear a Cristo en nuestras vidas. Tenemos que estar dispuestos a entregarnos a Él en confianza y obediencia, como Él se entregó al Padre en confianza y obediencia. Debemos también cultivar la amistad a través del ejercicio de compartir, entonces ésta crecerá, y nosotros creceremos en la imagen de aquel a quien amamos.

Así pues, cuando el discipulado parezca difícil, recordemos esta otra importante dimensión y obtengamos consuelo en la amistad que yace en el corazón de lo que estamos viviendo.

Buenas Nuevas: *Que Cristo habite en sus corazones por la fe, que estén arraigados en el amor y en Él puedan edificarse. Que sean capaces de comprender, con todos los creyentes, cuán ancho, y cuán largo, y alto y profundo es, en una palabra, que conozcan este amor de Cristo que supera todo conocimiento. (Ef 3:17-19)*

Acción Cristiana: Habla hoy con el Cristo que está contigo. Comparte tu vida con Él. Permite que Él te ame y pídele que su amistad continúe profundizándose.

SEMANA 6: LUNES

¿Quién soy yo?

Hasta que logre contestar cuatro preguntas en la mayoría de las situaciones en que me encuentre, no seré en verdad una persona. Las cuatro preguntas son: ¿Qué pienso? ¿Qué siento? ¿Qué necesito? ¿Qué quiero? Al contestarlas, expreso mi personalidad. Si no las puedo contestar, todavía no sé quien soy.

Lo que es sorprendente es que mucha gente es incapaz de contestar esas preguntas. Sus vidas son gobernadas por lo que otra gente piensa, siente, necesita, o quiere. No tienen una vida propia aunque piensen que sí, y la raíz de su dificultad es la carencia de una identidad.

Recuerdo a una joven mujer en consejería que tenía una relación tormentosa con un hombre. Por lo que ella reportaba, era evidente que en esa relación era infeliz con mucha más frecuencia de lo que era feliz. Cuando le pregunté qué creía ella que fuera lo que estaba causando los problemas en la relación, no supo qué contestar. Cuando le pregunté qué necesitaba ella en la relación, no lo sabía y por tanto no lo podía pedir. Cuando le pregunté por qué permanecía en la relación, tampoco lo sabía. Estaba completamente confundida. En nuestra conversación surgió que esto mismo le sucedía en todas sus relaciones con hombres. En cada relación, ella se perdía porque no sabía quién era y sólo trataba de adaptarse a lo que su pareja parecía ser.

Las mujeres son particularmente propensas a dejarse definir por otras personas. Los hombres con frecuencia no saben lo que sienten. Esto tiene que hacer que Dios haga una mueca de dolor, ya que una situación así roba a hombres y mujeres mucha de su dignidad como personas. Dios desea vida para nosotros. ¿Cómo podemos vivir vidas plenas y satisfechas si no reclamamos nuestra propia identidad, y cómo lo podremos hacer si no sabemos quienes somos?

¿Cómo podemos desarrollar más nuestra propia identidad?

Yo siento. Nuestros sentimientos son un elaborado sistema de información, que nos dice cómo estamos en cualquier situación dada. Saber lo que sentimos y compartir nuestros sentimientos con otros con efectividad tiene mucho que ver con nuestro propio desarrollo y con el control que tenemos sobre nuestras vidas. Un buen ejercicio para aquellos que a menudo no saben lo que están sintiendo es hacer una "prueba" de su conciencia interior varias veces al día, observando qué es lo que sienten en varias situaciones.

Yo pienso. De alguna manera este aspecto es más difícil. Desarrollar pensamientos que realmente sean nuestros requiere información exacta y una clara reflexión. Expresar lo que pensamos normalmente requiere de valor. Sin embargo, si no tenemos juicios independientes y no contamos con el valor de nuestras convicciones, difícilmente podremos llamarnos personas. Permitir que la TV nos diga qué pensar, o escuchar opiniones en grupos y estar de acuerdo con la voz que prevalece escasamente nos califica como a nosotros mismos.

Yo necesito. Escuchando a nuestros sentimientos y pensamientos normalmente podemos saber qué es lo que necesitamos. La raíz de la dificultad yace en la duda sobre si tenemos algún derecho de satisfacer esas necesidades. Todos tenemos ese derecho. Veamos lo que sucede cuando no satisfacemos nuestras necesidades: Empezamos a tener dolores de cabeza, de espalda, úlceras, alcoholismo, depresión. El dar a conocer nuestras necesidades y tomar acciones apropiadas para que sean satisfechas es una mejor alternativa. Las otras personas normalmente no saben cuáles son nuestras necesidades y comúnmente no les preocupa mucho saberlas. Obtener satisfacción para nuestras necesidades debe ser un asunto de responsabilidad personal.

Yo quiero. ¿Qué quiero de la vida? ¿Qué es lo que quiero de esta relación? ¿Qué quiero lograr en esta situación? De nuevo los pensamientos y sentimientos son la clave para saberlo y la manera en que podemos descubrir lo que realmente queremos es afirmando lo que es apropiado. ¿Qué obstáculos se pueden presentar? Algunas veces es el miedo a lo que los otros piensen, especialmente si lo que yo quiero difiere de lo que la mayoría parece querer. Otro obstáculo es una duda cristiana común: ¿Tengo el derecho de desear o querer tener algo? Sí, si es algo bueno y el cumplimiento de mi deseo no daña a nadie. ¿Por qué no? La vida es con seguridad un don para ser disfrutado.

El gran psiquiatra suizo Carl Jung dice que el proyecto de la vida para cada uno de nosotros es volvernos la persona que yace dentro de nosotros para ser y vivir nuestro destino individual como se va revelando. Encontraremos nuestra personalidad escuchando nuestros sentimientos, observado nuestras fantasías, ocupándonos de nuestros sueños, reflexionando en nuestra experiencia, escuchando la retroalimentación que otra gente nos ofrece. Desarrollamos nuestra personalidad expresando y llevando a cabo lo que estamos aprendiendo de nosotros mismos. El proceso es interesante, aventurero. En cooperación con Dios, cada uno de nosotros creamos un yo único.

Jesús fue único. Él sabía lo que pensaba, lo que sentía, lo que necesitaba, lo que deseaba. Lo expresaba y lo llevaba a cabo. Algunas personas lo aprobaron. Otros enfáticamente no lo hicieron. Él dejó que eso simplemente tomara su curso. Arraigado en Dios, sólo deseó ser tan pleno como fuese posible para que la persona que yacía dentro de Él pudiera ser y vivir su destino único paso a paso, como se fuera revelando. Prácticamente todo el que ha llegado a conocer algo acerca de Jesús lo ha admirado. Fue en realidad una persona.

Nuestro pasaje de la escritura hoy nos muestra a tres personas diferentes llevando a cabo decisiones que conforman sus identidades.

Buenas Nuevas: *Siguiendo su camino, entraron en un pueblo, y una mujer, llamada Marta, lo recibió en su casa. Tenía una hermana llamada María, que se sentó a los pies del Señor y se quedó escuchando su palabra. Mientras tanto, Marta estaba absorbida por los muchos quehaceres de la casa. En cierto momento Marta se acercó a Jesús y le dijo: "Señor, ¿no te importa que mi hermana me haya dejado sola para atender? Dile que me ayude." Pero el Señor le respondió: "Marta, Marta, tú andas preocupada y te pierdes en mil cosas: una sola es necesaria. María ha elegido la mejor parte, que no le será quitada."(Lc 10:38-42)*

Acción Cristiana. Empezando hoy, medita en las cuatro preguntas que discutimos anteriormente en las diversas situaciones en las que te encuentres en tu vida. Desarrolla tu sentido de identidad. Trata de actuar más a partir de esa identidad.

SEMANA 6: MARTES

Escuchando el llamado de Dios

En una ocasión una mujer en sus tardíos veintes me pidió ayuda para discernir si tenía vocación religiosa o no. ¿Quería Dios que fuera una hermana religiosa? Había estado confundida con ese dilema por años sin poderlo resolver. Su pregunta era: ¿Cómo se puede saber cuando se tiene una vocación?

Yo le dije: Todos tenemos una vocación y para todos es la misma: vivir como Jesús lo hizo, basar nuestras vidas en el amor. Ser una hermana religiosa o una persona laica, ser soltera o casada, son sólo diferentes contextos sociales para hacerlo. Hablar como si algunos cristianos tuvieran vocaciones y otros no, refleja una manera extraña de ver las cosas.

De acuerdo, dijo ella. Pero, ¿desea Dios que yo sea una hermana religiosa? Así que le pregunté: ¿Qué es lo que más profundamente deseas hacer con tu vida? Ella se preguntó en qué forma *esa respuesta* haría una diferencia. No era una cuestión de lo que ella deseara, sino de lo que Dios deseaba. Le dije: cuando hayas encontrado lo que más profundamente deseas, habrás encontrado lo que Dios desea para ti.

Esta respuesta fue una gran sorpresa para ella. Así que desarrollé más la idea. La voluntad de Dios para ti está dentro de tu propia personalidad. Ha sido Dios quien te ha hecho como eres. Lo que Dios desea para ti está presente en lo que tú eres. Si estás buscando cuál es la voluntad de Dios para ti, escucha cuidadosamente tus más profundos deseos.

Pero, ¿no es irresponsable guiarnos por lo que deseamos? preguntó ella. ¿No deseamos algunas veces lo que es malo para nosotros y lo que va en contra de la voluntad de Dios?

Estoy hablando de niveles persistentes y profundos de desear o querer, le expliqué, no de lo que una persona tal vez sienta bajo un impulso: "Me gustaría retirarme al llegar a mis treintas". "Me siento con ganas de golpearte la nariz". "A veces siento deseos de abandonar mi matrimonio". Estoy hablando de algo más serio, de algo que persiste a un nivel profundo cuando ya hemos considerado todas las cosas cuidadosamente. Naturalmente, estoy también hablando de lo que está dentro de las posibilidades reales, no de lo que está fuera de nuestro control (por ejemplo: casarnos con una persona que no desea casarse con nosotros, traer a la vida a alguien que ha muerto). Estoy además suponiendo algo: que la persona con la que estoy tratando, como la mujer descrita anteriormente, está básicamente orientada al bien. Esas personas verdaderamente desean que sus vidas estén en armonía con Dios. El simple hecho de que alguien busque la voluntad de Dios es suficiente indicación de esa orientación.

Me he dado cuenta que las personas a veces tienen problemas para saber lo que realmente desean. Yo sugiero diferentes formas de hacerlo: Observa cuando sueñas despierto, también tus sueños cuando duermes. En ambos se revelan profundos niveles de psique. Nota qué tipo de ejemplos vivos atraen tu atención y entusiasmo, personas que te hagan decir:

Quiero ser así; quiero hacer lo que esa persona hace. Algunas veces conocemos a esas personas a través de historias más que en el contacto real. Puedes también averiguar lo que llevas dentro de ti llevando un diario todos los días, escribiendo sobre tus pensamientos y sentimientos y prestando especial atención a la dirección de tus deseos.

La mujer de la historia pasó algún tiempo reflexionando en lo que realmente quería hacer con su vida y llegó a una apacible decisión de no volverse una hermana religiosa. Una decisión diferente fue hecha por un sacerdote que se había enamorado de una mujer y estaba considerando el contraer matrimonio. Le sugerí el mismo manejo fundamental. Después de reflexionar en oración, se dio cuenta de que lo que más profundamente quería era permanecer como sacerdote, y terminó su relación.

Buenas Nuevas: "*¿Con qué me presentaré delante de Yavé? ¿Cómo iré a arrodillarme delante del Dios Altísimo? ¿Acaso le traeré holocaustos o terneros de un año? ¿O le gustarán miles de carneros y torrentes de aceite? ¿O será necesario que sacrifique a mi hijo mayor para pagar mi culpa, al fruto de mis entrañas por mi pecado?*

Ya se te ha dicho, hombre, lo que es bueno y lo que el Señor te exige: tan sólo que practiques la justicia, que seas amigo de la bondad y te portes humildemente con tu Dios. (Miqueas 6:6-8)

Acción Cristiana: Observa hoy a esa gente en tu vida o en historias que escuchas que te hacen decir: quiero ser así. ¿Qué te dice esto acerca de tus más profundos deseos?

SEMANA 6: MIÉRCOLES

Venciendo adicciones

La mayoría de nosotros no pensamos que podemos ser adictos. No utilizamos drogas, y no nos emborrachamos muy seguido. ¿Pero es así de simple? La adicción es sutil. Las drogas y el alcohol nos tienen atrapados a muchos de nosotros, aún cuando las drogas son de las del tipo de prescripción médica. La comida es una sustancia difícil de manejar para muchos otros, ya sea que nos matemos de hambre (anorexia), comamos regularmente en exceso, o combinemos esos excesos en la comida con purgas (bulimia). Algunos somos adictos al sexo. Otros son esclavos de relaciones destructivas, tienen mucha dificultad para salir de ellas, y cuando lo hacen, lo hacen sólo para entrar en otras iguales. Algunos somos adictos a comprar cosas, y vamos de compras cuando no nos sentimos muy bien. Otros somos adictos a la televisión y pasamos todas las horas que no trabajamos frente al televisor. Otros son adictos, quizá con el mismo beneficio, a dormir.

Lo que todas las adicciones tienen en común, es que, tratándose de la sustancia adictiva, sea lo que sea, somos esclavos de ella, nos tiene poderosamente enganchados y nos controla en lugar de que nosotros la controlemos. Lo peor es que no importa el bienestar que la sustancia nos proporcione en ocasiones, el baile en el que estamos participando, de una forma u otra es un baile con la muerte. Nuestro compañero de baile nos está destruyendo. Nuestras posibilidades de una vida plena se ven seriamente disminuidas por ese aspecto involuntario que nos consume.

¿De qué manera una adicción es un asunto espiritual? Casi siempre, alguien (aparte de nosotros mismos) resulta dañado por nuestra adicción. Está además el daño que nos hacemos a nosotros mismos, la lenta auto-destrucción. Lo que Dios quiere para nosotros y para todos los demás es siempre la vida, vida en abundancia. (Jn 10:10) Estas son las razones principales por las que la adicción es un mal. Después, si hacemos caso al llamado de Dios a salir de nuestra prisión, entrarán en juego otros asuntos espirituales. Tendrá que entrar la humildad para pedir la ayuda que necesitamos ¡y vaya que la necesitamos! Difícilmente alguien puede triunfar sobre el poder de una adicción sin un apoyo firme y constante de otras personas. Muchas personas dicen que experimentan un tipo de muerte al permitir que otra persona sepa que hay algo en sus vidas que no pueden controlar. Se necesitará valor para explorar el problema emocional que contribuye a nuestra adicción. Se requerirá perseverancia y trabajar arduamente para llevar a cabo los cambios que necesitamos realizar. Se necesitará oración y una dependencia confiada en Dios para ser sanados y liberados.

Objetivamente hablando, una adicción es un tipo de idolatría; es confiar nuestra vida y felicidad a algo que no es Dios. Subjetivamente hablando, sin embargo, es muy difícil juzgar la culpa real de uno en cuanto a la idolatría, puesto que es algo involuntario. Cuando somos adictos a algo, normalmente sentimos mucha culpa y nos criticamos duramente. Tratamos una y otra vez de liberarnos de esa adicción con un acto de nuestra voluntad. Esto no funciona porque la raíz del problema es un tipo de enfermedad, no una voluntad débil. Lo que sí tenemos el poder de hacer, es reconocer que existe una gran dificultad y pedir ayuda. Eso, por supuesto, implica una muerte a nosotros mismos.

Pero en la existencia humana, bendecida como es por el amor de Dios, donde hay una muerte hay una resurrección. Una adicción puede tornarse en una gran bendición. No es que Dios nos envíe esas adicciones, pero está ahí para ayudarnos a vencerlas y guiarnos a la libertad y a una vida de crecimiento. Al luchar contra las cosas que nos destruyen crecemos hacia la plenitud de nuestra humanidad y normalmente con esa lucha experimentamos una profunda integración a la comunidad humana.

Buenas Nuevas: *Estén siempre alegres en el Señor; se lo repito, estén alegres y den a todos muestras de un espíritu muy abierto. El Señor está cerca. No se inquieten por nada; antes bien, en toda ocasión, presenten sus peticiones a Dios y unan la acción de gracias a la súplica. Y la paz de Dios, que es mayor de lo que se puede imaginar, les guardará sus corazones y sus pensamientos en Cristo Jesús.*

Por lo demás, hermanos, fíjense en todo lo que encuentren de verdadero, noble, justo y limpio; en todo lo que es fraternal y hermoso, en todos los valores morales que merecen alabanza. Pongan en práctica todo lo que han aprendido, recibido y oído de mí, todo lo que me han visto hacer, y el Dios de la paz estará con ustedes. (Fil: 4:4-9)

Acción Cristiana: Reflexiona en oración hoy sobre si alguna adicción, ya sea sutil, o claramente obvia, pudiera estar interfiriendo en tu vida. ¿Hay alguna acción que necesites tomar?

SEMANA 6: JUEVES

Aceptación tranquila

Parece ser que todos tenemos alguna cosa difícil que aceptar en la vida. No la deseamos en lo más mínimo, pero ahí está. Pudiera ser un embarazo no deseado, o tal vez sea la persona molesta de la que tenemos que cuidar. Puede ser el daño mental de nuestra infancia o alguna molesta limitación personal. Para un hombre que conozco, era su deformidad física, para una mujer, su epilepsia. Para un hombre casado, era la falta de interés sexual de su esposa. Para una mujer casada, era la incapacidad de su esposo de compartir emocional y espiritualmente. Mucha gente que he conocido ha tenido que aceptar la pérdida de una persona muy querida y de alguna manera continuar.

Como sabemos, no todo lo que nos sucede es la voluntad de Dios, y nuestra primera respuesta al sufrimiento debería ser resistirlo y vencerlo si podemos. Sin embargo, parece ser que para todos existe un recuerdo no resuelto, alguna carga dolorosa de la que no nos podemos deshacer. ¿Qué podemos hacer?

Está bien estar enojado por esto y hablar honestamente de ese enojo con Dios, como mucha gente en la Biblia lo hace. Está bien lamentarse. Ese lamento no sólo es apropiado, sino terapéutico. Está bien el compartir de vez en cuando nuestra carga con alguien que nos comprende y apoya. La vida no fue pensada para vivirse en aislamiento.

Lo que no es cristiano y además no ayuda, es pasarnos la vida entera amargándonos y auto-compadeciéndonos, envidiando y resintiendo a otros porque no sufren como nosotros. De hecho, no sabemos lo que ellos sufren, porque la gente es como los témpanos de hielo, muestran una décima parte sobre la superficie y esconden nueve décimas abajo. La amargura y auto-compasión, además de todo, no se llevan nuestro dolor. Sólo nos mantienen en los límites del gran juego de la vida.

En una ocasión un sacerdote me dijo que cada vez que se le permitía profundizar en la vida de alguien, se daba cuenta de que una crucifixión se llevaba a cabo en el corazón de esa persona. Las dos respuestas diferentes que él veía que la gente ofrecía eran bien ejemplificadas en los ladrones que fueron crucificados a ambos lados de Jesús. Uno maldijo y blasfemó a Jesús. El otro oró: "Señor, acuérdate de mí cuando entres en tu Reino." (Lc 23:39-43)

El secreto de la vida parece ser el concentrarnos no en lo que no tenemos, sino en lo que si tenemos y lograr lo mejor que podamos con ello. Todos conocemos gente que tiene muy poco y sin embargo parecen ser más felices que aquellos que tienen mucho más.

¿Y qué hay sobre nuestra dolorosa carga? Siempre contiene alguna bendición. El patriarca Jacob, en una ocasión se encontró luchando toda la noche contra un ser misterioso y salió herido en su cadera. Pero también salió bendecido y supo que esa lucha de alguna manera había sido con Dios. (Gen. 32) Pablo sufrió de una "espina en la carne" y con frecuencia hizo oración para que se le quitara. Dios le respondió: "Te basta mi gracia, mi mayor fuerza se manifiesta en la debilidad." (2 Cor 12:9) Tal vez algún día agradeceremos a Dios por nuestros conflictos, nuestros sufrimientos, aún por nuestros pecados, porque veremos que nuestras luchas con ellos nos han hecho las personas que somos.

Buenas Nuevas: Aquella misma noche Jacob se levantó, tomó a sus dos esposas, a sus dos sirvientas y a sus once hijos, y los hizo cruzar el vado de Yaboc. A todos los hizo pasar al otro lado del torrente, y también hizo pasar todo lo que traía con él. Y Jacob se quedó solo. Entonces alguien luchó con él hasta el amanecer. Este, viendo que no lo podía vencer, tocó a Jacob en la ingle, y se dislocó la cadera de Jacob mientras luchaba con él. El otro le dijo: "Déjame ir, pues ya está amaneciendo." y él le contestó: "No te dejaré marchar hasta que no me des tu bendición." El otro, pues, le preguntó: "¿Cómo te llamas?" El respondió: "Jacob." Y el otro le dijo: "En adelante ya no te llamarás Jacob, sino Israel, o sea Fuerza de Dios, porque has luchado con Dios y con los hombres y has salido vencedor." Entonces Jacob le hizo la pregunta: "Dame a conocer tu nombre" El le contestó: "¿Mi nombre? ¿Para qué esta pregunta?" Y allí mismo lo bendijo. Jacob llamó a aquel lugar Panuel, o sea, Cara de Dios, pues dijo: "He visto a Dios cara a cara y aún estoy vivo" El sol empezaba a dar fuerte cuando cruzó Penuel, y él iba cojeando a causa de su cadera. (Gen. 32, 23-32)

Acción Cristiana: Si hoy te sorprendes auto-compadeciéndote o envidiando algo que te es difícil aceptar, trata de concentrarte en las bendiciones en tu vida, incluyendo la bendición que contiene tu carga.

SEMANA 6: VIERNES

Momentos de cambio

La vida es difícil y casi nunca deja de retarnos. Pero hay ocasiones en que algo sucede que nos sacude totalmente y termina cambiando el curso de nuestras vidas. Nos despedimos de un lugar familiar y nos cambiamos a otra ciudad. Cambiamos nuestras carreras. Somos seriamente lastimados o golpeados por una enfermedad. Nuestro matrimonio se encuentra bloqueado en un punto difícil. Nuestros días como padres llegan a un final. Nos jubilamos, nuestro mundo de pronto se termina.

Todos estos eventos presentan un gran reto. Lo que tienen en común es que una parte de la vida va llegando a un final, pero el nuevo camino de la vida aún no ha sido revelado. Lo que solía funcionar, no funciona ya más y no tenemos idea de lo que se supone tenemos que hacer ahora. De hecho, dudamos si podremos salir adelante. Hay una crisis de sentido. Nos sentimos fuera de control y temerosos.

El crecimiento humano se da más o menos en una forma constante, imperceptible, conforme vamos respondiendo a los retos y oportunidades de la vida. Pero los tiempos como los que estamos describiendo son especialmente significativos para definir en quiénes nos convertiremos, para la clase de identidad que crearemos. Esto es porque estos trances críticos nos retan mucho más profundamente. Hay un nuevo aprendizaje, un ensanchamiento doloroso de nuestras capacidades y hay decisiones cruciales que realizar.

El crecimiento, desafortunadamente, no está garantizado. Viene con un precio. Cuando llegamos a uno de estos momentos de cambio, nos podemos atascar y permanecer atascados, sin movernos nunca a la próxima etapa de la vida. Podemos incluso hasta retroceder a un etapa anterior de desarrollo o podemos armarnos de valor y pasar a la nueva.

Esto es algo así como la gente hebrea en el desierto cuando estaban atrapados entre dos tierras. Pasaron ahí cuarenta años. Algunos habrían permanecido aún más tiempo, algunos querían regresar a Egipto. Algunos otros querían apresurarse hacia la tierra prometida.

¿Existe una tierra prometida para nosotros? Nuestra fe dice que sí. Un misterio principal cristiano es nuestro aliado en los momentos de cambio: la muerte y resurrección de Jesús. Generalmente consideramos ese hecho de una forma demasiado estrecha. Pensamos que fue algo que sucedió sólo una vez y solamente a Él. O pensamos que es una promesa que se refiere a nosotros sólo cuando involucra nuestra muerte física. De hecho, es mucho más amplio que eso. Es la clave que abre el significado total a nuestra existencia.

Mientras vivimos, *siempre* estamos muriendo y es por eso que siempre estamos temerosos y necesitados de alguna seguridad. *Siempre* estamos perdiendo lo que habíamos poseído, *siempre* estamos siendo empujados fuera de lo conocido a lo desconocido. *Siempre* cambiando. La muerte/resurrección de Jesús nos sirve como paradigma o modelo en esta experiencia que continúa sucediendo. Nos consuela porque nos revela quién es Dios para nosotros y lo que Él hace por nosotros. Con Dios, se nos demuestra que la muerte nunca es la última palabra. La vida sí lo es. Dios está obrando en la profundidad de las cosas, trabajando con nosotros para sacar vida de la muerte, bien del mal, significado de lo absurdo. Él nos apoya e invita confiadamente a un futuro que contiene aún mayor bien para nosotros que lo que tuvimos en el pasado.

Los siete sacramentos de la tradición Católica Romana nos ofrecen el misterio de la muerte/resurrección de Jesús para poder aceptar muchos de los trances críticos de la vida. Cuando un tipo de muerte nos amenaza y el significado de la vida humana se encuentra en cuestionamiento, un ritual sacramental nos da la confianza y seguridad que necesitamos, la promesa de la presencia de Dios y su acción salvadora. El Bautismo nos habla de esa seguridad en nuestro nacimiento dentro de un mundo amenazante. La Confirmación la reitera en la crisis al llegar a la edad adulta. El Matrimonio la trae a colación al aceptar los retos de edificar juntos una vida de amor. La Ordenación Sacerdotal habla de esa promesa en el reto de asumir el liderazgo en la comunidad cristiana. La Unción con los óleos la declara en la crisis de sentido suscitada en una seria enfermedad. La Reconciliación la menciona como una necesidad a la crisis de una comunidad dañada. La Eucaristía, el sacramento más importante de mantenimiento de los cristianos, nos recuerda de una forma semanal o diaria el misterio de la muerte/resurrección que rodea nuestras vidas.

El significado del gran paradigma es siempre el mismo: Si unimos nuestras muertes con la muerte de Jesús, también compartiremos con Él su resurrección, porque Dios es un Dios de vida.

Buenas Nuevas: Jesús dijo: "Ha llegado la hora de que sea glorificado el Hijo del Hombre. En verdad les digo: Si el grano de trigo no cae en tierra y muere, queda solo; pero si muere, da mucho fruto.

El que ama su vida la destruye; y el que desprecia su vida en este mundo, la conserva para la vida eterna. El que quiera servirme, que me siga, y donde yo esté, allí estará también mi servidor. Y al que me sirve, el Padre le dará un puesto de honor.

Ahora mi alma está turbada. ¿Diré acaso: Padre, líbrame de esta hora? ¡Si precisamente he llegado a esta hora para enfrentarme con todo esto! Padre, ¡da gloria a tu Nombre! (Jn 12:23-28)

Acción Cristiana: Recuerda algunos de los momentos de muerte/resurrección de tu vida. ¿Experimentaste la fidelidad de Dios? ¿Hay alguna transición crítica en tu vida ahora? ¿Cuál crees que sea el llamado de Dios para ti en esta situación?

SEMANA 6: SÁBADO

El asombro como alabanza

¿Has visto alguna vez un precioso amanecer en tu camino al trabajo y te has encontrado alabando a Dios por ello? ¿Has alguna vez visto la sonrisa en la cara de tu niño y te has maravillado por la creación de Dios? Si lo has hecho, has, por lo menos por un momento, estado consciente de la presencia de Dios en la creación. Has sido contemplativo.

La oración es algo a lo que dedicamos tiempo, es una actividad específica. Estar conscientes de la presencia de Dios, entrar en contemplación o tener una disposición para la oración, es algo mucho más amplio.

Es una forma de actuar a través de todo el día. Es una actitud, un manejo total de la vida. Sus bases son la convicción de que la vida es vivida delante de Dios y con Dios. Está arraigada en la realización de que Dios es el dador de todos los dones y los bienes y que Él se expresa en todas las cosas. La disposición para la oración es estar conscientes de todo esto y estar dispuestos a responder a ello.

La disposición para la oración no se da fácilmente en la sociedad moderna. Nuestra actitud común hacia las cosas que nos rodean es sopesarlas e imaginarnos cómo podemos utilizarlas o dominarlas. Es una combinación de tecnología y consumismo. Es difícil para nosotros alejar nuestra vista de eso y tomar una postura que sólo observa y deja que las cosas sean lo que son. Eso es lo que la contemplación hace: observa detenidamente y termina maravillándose.

¿Alguna vez has realmente *tomado* un baño de ducha? Para hacerlo, tal vez tengas que recordar alguna ocasión en el pasado cuando no pudiste tomar un duchazo por un período de tiempo largo. ¿Recuerdas como *sentiste* el duchazo a final del período de espera? O quizá puedas imaginar tomar un baño sin jabón, porque sólo así podrás sentir la diferencia que el jabón hace. Para *tomar* un duchazo, tienes que estar ahí cuando está sucediendo. Lo tienes que recibir.

¿Alguna vez has realmente *observado* una col o lechuga cuando la estás cortando, o realmente has *saboreado* un tazón de sopa? ¿Has observado detenidamente alguna vez a los árboles de tu vecindario o has visto a los niños jugando en un patio de recreo? ¿Has *escuchado* a los pájaros en la mañana? ¿Has *sentido* la cama en la que duermes? (te ayuda si has pasado una noche en un camión) ¿Has agradecido alguna vez a tu auto por estar ahí cuando sales? ¿Le has agradecido porque se mueve cuando pones en marcha el motor? G.K. Chesterton en una ocasión comentó que la mejor forma de apreciar las cosas es darte cuenta de que tal vez puedas perderlas, lo que probablemente sea la razón por la que a la gente que se le ha dicho que tiene sólo un corto tiempo de vida, de pronto se ven a sí mismos apreciando las cosas más sencillas.

Los budistas tienen un término para la actitud hacia la vida que estoy tratando de describir, lo llaman o describen así: "Tener conciencia de." Esto significa realmente estar ahí, presente, atento, receptivo.

¿Qué tiene que ver el sólo mirar, escuchar, saborear y sentir con la oración? Pues, ¿qué es la oración? La oración es estar conscientes de y responder al misterio de Dios presente. Pero Dios es el misterio en la profundidad de *todas* las cosas. Tener conciencia de, o prestar atención total a las cosas es el principio del asombro y la gratitud, y el asombro y la gratitud son otros nombres para la adoración.

La persona que en verdad desea tener una disposición para la oración, aprovecha toda clase de ocasiones para hacerlo. Hay muchos "tiempos perdidos" durante el día: cuando estamos en la fila en el banco o en la tienda de abarrotes, cuando estamos manejando en la autopista, haciendo tareas rutinarias como lavar los platos o cuando estamos acostados en la cama esperando conciliar el sueño que podemos advertir y sentir esa Presencia de Dios. Todo esto es parte de la misma actitud: la vida es vivida delante de Dios y con Dios. En esos días cuando no podamos tomar más tiempo para la oración formal, o aun cuando podamos, siempre podemos ser personas que tengamos una disposición para la oración.

La disposición para la oración, el estar consciente de la presencia de Dios y la contemplación son sólo diferentes nombres para una actitud de fe que tiene vida.

Buenas Nuevas: *¡Qué profunda es la riqueza, la sabiduría y la ciencia de Dios! ¿Cómo indagar sus decisiones o reconocer sus caminos? ¿Quién entró jamás en los pensamientos del Señor? ¿A quién llamó para que fuera su consejero? ¿Quién le dio primero para que Dios tenga que devolvérselo? Todo viene de él, por él, acontece y volverá a él. A él sea la gloria por siempre. ¡Amén! (Rom 11:33-36)*

Acción Cristiana: Trata hoy de estar consciente, de recibir y de dar gracias por los dones y regalos de vida a los que normalmente no das tanta importancia.

SEMANA 6: DOMINGO

Más allá de Jesús y yo

Habían pasado varios meses desde el retiro en el que Chris participó. Ella se sentía desanimada por la forma en que las cosas estaban sucediendo y llevó su problema a Jesús.

Chris: Jesús, no me siento cerca de ti y estoy bastante desanimada. Tuve una gran experiencia de retiro contigo y pensé que todo se había arreglado. Nunca había sido tan feliz. Desde entonces, pareces muy lejano y me siento sola de nuevo.

Jesús: De verdad estoy contigo Chris, sólo que tú no puedes sentirme. Estoy contigo tanto como lo estuve en el retiro y voy a permanecer contigo, no importa lo que suceda.

Chris: De alguna manera te creo, pero no es suficiente. Deseo mucho más. Quiero *sentirte* y *escucharte* de la misma forma que lo hice en el retiro.

Jesús: Probablemente recuerdes la historia del evangelio sobre mi transfiguración. Estábamos en una montaña cuando sucedió y los discípulos que estaban conmigo la encontraron tan maravillosa que querían permanecer ahí, incluso para construir casas. Los tuve que guiar para bajar de la montaña hacia donde había personas necesitadas. Ese es el problema del consuelo espiritual. Si tienes mucho de él, te olvidas de la gente que necesita tu ayuda. De la misma manera, con frecuencia empiezas a pensar que eres más santo que la mayoría de las personas.

Chris: Realmente no veo mucho peligro en eso. Creo que yo continuaría tratando de hacer el bien. Lo que he deseado desde que pude probarlo en el retiro, es una espiritualidad real.

Jesús: Mi tipo de espiritualidad es amar a la gente, Chris, y cuidar de sus necesidades. Yo se que tú me amas. Lo que solía decir a la gente en mis días en la tierra era: Si me amas cumple mis mandamientos. Yo enfatizaba sobre la efectividad de esto. Una religión emocional es más fácil que la que yo tenía en mente. Cuando Pedro, después de mi resurrección me dijo tres veces que me amaba, (habíamos tenido antes unos malentendidos) lo tomé muy seriamente. Por eso le pedí que alimentara a mis ovejas, quería que él tradujera su amor por mí en amor por otros.

Chris: Estoy tratando de hacer eso, por ejemplo, estoy involucrada activamente en el movimiento para la paz, pero no me siento santa cuando hago eso. Sólo me siento frustrada. A menudo parece que no estamos haciendo nada impresionante y luego me enojo con toda la gente que no parece comprender el punto.

Jesús: Sé lo que quieres decir Chris, también yo muy pocas veces me sentí santo cuando hacía mi trabajo en la tierra. Era extremadamente demandante y encontré mucha resistencia. Tú viste a dónde me llevó todo eso. Sin embargo, yo sabía que eso era lo que Dios deseaba de mí. Él no me abandonaría en el desierto, y como puedes ver, en los evangelios nunca conduje a otra gente hacia algún tipo de espiritualidad de desierto. Trabajábamos para el reino de Dios en el mundo real. Por supuesto yo oraba, y disfrutaba mi tiempo a solas con Dios, pero mi oración siempre me llevaba de regreso al trabajo.

Chris: Hablando de sentirse santo, aun cuando trato de amar mejor a mi propia familia, no tengo muy buenos sentimientos al respecto. Es tan difícil. Todos ellos son gente buena, pero a veces sacan lo peor que hay en mí.

Jesús: Es un trabajo difícil Chris, pero pienso que creces más como persona en esos conflictos y luchas que lo que harías sentada en la iglesia. Algunas veces la religión es un escape. Es principalmente al manejar las relaciones humanas que la gente crece. Es por eso que he subrayado siempre la comunidad, el decir la verdad, el evitar la violencia, practicar la amabilidad, el servicio mutuo, la generosidad, la lealtad y mucho perdón. Esas son las cosas que realmente prueban la calidad de una persona. Ahí es donde el crecimiento que cuenta sucede o no sucede.

Chris: No estoy segura de que me gusta lo que estás diciendo, pero estoy empezando a ver tu punto. Es mucho más fácil amar al Dios que no vemos que a la gente que vemos, y sentirnos bien es más placentero que hacer el bien. Ahora veo en dónde algunas veces he confundido mis prioridades.

Jesús: Es uno de los errores espirituales más comunes. Estás haciendo un buen trabajo Chris, continúa haciéndolo y continuarás creciendo. No te preocupes demasiado por los sentimientos. Recuerda que estoy contigo siempre, lo sientas o no.

Buenas Nuevas: *Mientras Jesús estaba todavía hablando a la muchedumbre, su madre y sus hermanos estaban de pie afuera, pues querían hablar con Él. Alguien le dijo: "Tu madre y tus hermanos están ahí fuera y quieren hablar contigo." Pero Jesús dijo a quien le*

daba el recado: "¿Quién es mi madre y quienes son mis hermanos?"
E indicando con la mano a sus discípulos, dijo: "Estos son mi madre
y mis hermanos. Tomen a cualquiera que cumpla la voluntad de mi
Padre de los Cielos, y ése es para mí un hermano, una hermana o
una madre." (Mt. 12:46-50)

Acción Cristiana: Examina tu vida de fe para ver si gira primordialmente alrededor de sentimientos religiosos o de trabajar por el reino de Dios en el mundo. Si te gustaría hacer más, toma unos pasos prácticos hacia esa meta.